孙子与兵家思想

孙子与兵家思想

◎ 主编 金开诚

◎ 编著 陈长文

吉林出版集团有限责任公司

吉林文史出版社

图书在版编目（CIP）数据

孙子与兵家思想 / 金开诚著 . —长春：吉林文史
出版社，2011.10（2022.1 重印）
（中国文化知识读本）
ISBN 978-7-5472-0867-0

Ⅰ.①孙… Ⅱ.①金… Ⅲ.①孙子兵法－研究②兵家
－研究 Ⅳ.① E892.25

中国版本图书馆 CIP 数据核字（2011）第 207401 号

孙子与兵家思想

SUNZI YU BINGJIA SIXIANG

主编/金开诚　编著/陈长文

项目负责/崔博华　责任编辑/崔博华　高原媛

责任校对/高原媛　装帧设计/李岩冰　刘冬梅

出版发行/吉林文史出版社　吉林出版集团有限责任公司

地址/长春市人民大街4646号　邮编/130021

电话/0431-86037503　传真/0431-86037589

印刷/三河市金兆印刷装订有限公司

版次/2011 年 10 月第 1 版　2022 年 1 月第 4 次印刷

开本/650mm×960mm　1/16

印张/9　字数/30千

书号/ISBN 978-7-5472-0867-0

定价/34.80元

编委会

主　任：胡宪武

副主任：马　竞　周殿富　董维仁

编　委（按姓氏笔画排列）：

于春海　王汝梅　吕庆业　刘　野　孙鹤娟

李立厚　邴　正　张文东　张晶昱　陈少志

范中华　郑　毅　徐　潜　曹　恒　曹保明

崔　为　崔博华　程舒伟

前　言

　　文化是一种社会现象，是人类物质文明和精神文明有机融合的产物；同时又是一种历史现象，是社会的历史沉积。当今世界，随着经济全球化进程的加快，人们也越来越重视本民族的文化。我们只有加强对本民族文化的继承和创新，才能更好地弘扬民族精神，增强民族凝聚力。历史经验告诉我们，任何一个民族要想屹立于世界民族之林，必须具有自尊、自信、自强的民族意识。文化是维系一个民族生存和发展的强大动力。一个民族的存在依赖文化，文化的解体就是一个民族的消亡。

　　随着我国综合国力的日益强大，广大民众对重塑民族自尊心和自豪感的愿望日益迫切。作为民族大家庭中的一员，将源远流长、博大精深的中国文化继承并传播给广大群众，特别是青年一代，是我们出版人义不容辞的责任。

　　本套丛书是由吉林文史出版社和吉林出版集团有限责任公司组织国内知名专家学者编写的一套旨在传播中华五千年优秀传统文化，提高全民文化修养的大型知识读本。该书在深入挖掘和整理中华优秀传统文化成果的同时，结合社会发展，注入了时代精神。书中优美生动的文字、简明通俗的语言、图文并茂的形式，把中国文化中的物态文化、制度文化、行为文化、精神文化等知识要点全面展示给读者。点点滴滴的文化知识仿佛颗颗繁星，组成了灿烂辉煌的中国文化的天穹。

　　希望本书能为弘扬中华五千年优秀传统文化、增强各民族团结、构建社会主义和谐社会尽一份绵薄之力，也坚信我们的中华民族一定能够早日实现伟大复兴！

目录

一、兵家简介

兵家是诸子百家之一，为中国先秦、汉初研究军事理论，从事军事活动的学派，以研究作战、用兵为其主要宗旨。"兵家"一词最早见于《孙子兵法·始计篇》："此兵家之胜，不可先传也。"兵家的实践活动与理论，影响当时及后世甚大，是我国古代宝贵的军事思想遗产，也是中国传统文化和军事宝库中光彩夺目的瑰宝。

春秋战国时期，战事频仍，据《春秋》记载，在春秋时期的242年中，就发生过483次大的军事行动。"汤尧舜禹夏商周，春秋战国乱悠悠"，纵观春秋战国时期的全部历史，大量的、占主导地位的还是诸侯兼并与大国争霸的战争。战争迫切需要人们对战争的规律加以总结，战争实践也为新的军事理论的产生提供了客观前提，同时，许多有识之士尚武习兵，希望建功立业，潜心于兵法韬略，积极从事军事理论的研究，这就形成了兵家。

兵家代表人物，春秋末有孙武、司马穰苴；战国有孙膑、吴起、尉缭、魏无忌、白起等；汉初有张良、韩信等。兵书在中国的发展源远流长，兵书产生于西周，成熟于春秋，今存兵家著作有《黄帝阴符经》、《六韬》、《三略》、《孙子兵法》、《司马法》、《孙膑兵法》、《吴子》、《尉缭子》等，其中以孙武的《孙子兵法》影响最大，是兵家学说的重要著作。

《汉书·艺文志·兵书略》著录汉以前兵家著作五十三家，七百九十篇，图四十三卷，将兵家著作分为四类：兵权谋类——侧重于军事思想、战略策略；兵形势类——专论用兵之形势；兵阴阳类——以阴阳五行论兵，且杂以鬼神助战

之说；兵技巧类——以兵器和技巧为主要内容。吕思勉在《先秦学术概论·兵家》中说："阴阳、技巧之书，今已尽亡。权谋、形势之书，亦所存无几。大约兵阴阳家言，当有关天时，亦必涉迷信。兵技巧家言，最切实用。然今古异宜，故不传于后。兵形势之言，亦今古不同。惟其理多相通，故其存在，仍多后人所能解。至兵权谋，则专论用兵之理，凡无今古之异。兵家言之可考见古代学术思想者，断推此家矣。"

兵家思想虽然在内容上主要以军事学为主，但并不限于此。兵家思想及其著作提出了一系列战略战术原则，如："知彼知己，百战不殆；知天知地，胜乃可全"、"攻其无备、出其不意"、"兵贵胜、不贵久"、"兵贵神速"、"兵贵其和，和则一心"、"三军可夺

气，将军可夺心"、"密察敌之机，而速乘
其利，复疾击其不意"等等，这些军事思
想既把政治、经济、军事、天文、地理、国
际关系等各种客观因素作为决定胜负的
条件，并把它们看成是相互关联
的统一整体，包含有丰富的军
事辩证法思想以及治兵作战
的哲理，为我国古代
宝贵的军事思想遗
产，影响当时及后世。

　　兵家思想凝集了我国历史上无数杰
出军事将领的睿智、韬略，在中国军事哲
学思想史上具有不可磨灭的影响。时至
今日，虽然现代战争的规模、形式等诸多
情况都发生了重大变化，但是，兵家思想
仍然以其博大精深的潜力，启迪着当今
世界各国军事家的战略意识，并为人们
在军事、政治、经济乃至为人处世的日常
生活中提供借鉴。

二、兵家代表人物

（一）春秋末期代表人物

1.孙武

孙武，字长卿，后人尊称其为孙子、孙武子、兵圣、百世兵家之师、东方兵学的鼻祖。中国古代著名军事家。春秋时期齐国乐安（今山东省广饶县）人，具体生平不可考，大约生于公元前535年左右，与孔子同时代人。曾祖、祖父都是齐国名

将，家学的熏陶使孙武从小就熟习兵法，盼望能有用武之地。但齐国的纷争和内乱使孙武18岁时便离开齐国，到了吴国。

公元前517年，孙武从齐国出走至吴国，经吴国大臣伍子胥推荐，以《兵法》十三篇进见吴王阖闾。他以惊世骇俗之宏论，卓越远见之谋略，使吴王为之动心，赞叹不已。为了考验孙武的才干，吴王交给他180名宫女让他操练。孙武把180名宫女分为左右两队，指定吴王最为宠爱的两位美姬为左右队长，让她们带领宫女进行操练，同时指派自己的驾车人和陪乘担任军吏，负责执行军法。孙武向宫女们讲完操练口令之后，便命人击鼓操练。然而尽管孙武三令五申，宫女们口中应答，内心却感到新奇、好玩，她们不听号令，大笑不止，队形大乱。孙武立刻下令将两名美姬队长斩首，以肃军纪。吴王见孙武要杀掉自己的爱姬，马上派人传令说："寡人已经知道将军善于用兵了。没有这两个美人侍候，寡人吃饭也没有味道。请赦免她们。"孙武毫不留情地说："臣既然受命为将，将在军中，君命有所不受。"孙武执意杀掉了两位队长，任命两队的排头充当队长，继续练兵，很快将宫女们训练得进退有序，阵形严整。吴王虽然失去了两名爱姬，但知道孙武是难得的将才，最后还是拜他为将军。

在孙武的严格训练下，吴军军力有了明显的提高。孙武领兵打仗，战无不胜，先后破楚国的属国钟吾（今江苏宿迁东

北）、舒（今安徽庐江县西）。公元前506年，楚国攻打已经归附吴国的蔡国。吴王和伍子胥、孙武指挥训练有素的3万精兵，乘坐战船，溯淮而上救援，直趋蔡国与楚国交战。楚军见吴军来势凶猛，不得不放弃对蔡国的围攻，收缩部队，调集主力，以汉水为界，加紧设防，抗击吴军的进攻。不料孙武却突然弃船登岸，从陆路奔袭楚国腹地，给楚军来了个出其不意，攻其不备。孙武精选了3500人做先锋，披坚执锐，轻装疾进。等到了汉水东岸，楚军迎击时，孙武又领兵后撤，引诱楚军追

击,三战三胜。此后两军在柏举(今湖北麻城东北)决战,孙武用先发制人的战术冲乱了楚军的阵脚,然后吴王率领主力攻击围歼,又大获全胜。后攻入楚国的国都郢,楚昭王带着妹妹仓皇出逃。孙武以3万军队攻击楚国的20万大军,获得全胜,创造了以少胜多的经典战例。

此后,吴国崛起,北威齐晋,南服越人,显名诸侯。孙武主张改革图强,"士少"、"富民",鼓励发展小农经济,以求富国强兵。他在吴国三十年,战功显赫,使吴国崛然而起,夺取了晋国的霸主地位。随着吴国霸业的蒸蒸日上,新吴王夫差渐渐自以为是,不纳忠言。听信奸臣的挑拨,逼死功臣、忠臣伍子胥。孙武深知"飞鸟绝,良弓藏;狐兔尽,走狗烹"的道理,对伍子胥惨死的一幕十分寒心,于是便悄然归隐,息影深山,根据自己训练军队、指挥作战的经验,修订其兵法十三篇,使其更臻完善。

2.司马穰苴

司马穰苴，生卒年不详，春秋末期齐国人。原本姓田，名穰苴，是田完的苗裔，齐田氏家族的支庶，初为将军，因军功被尊为大司马，后因称司马穰苴。著名军事家、军事理论家。司马穰苴以其卓著的军事活动在我国古代军事史上占据显要位置，而其《司马法》，也成了我国军事思想史上的宝贵遗产。

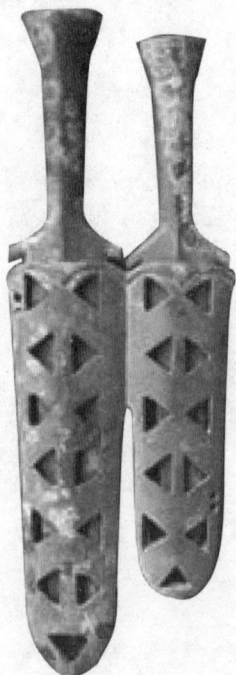

齐景公十七年（公元前531年）时，晋国军队大举进攻齐国都邑阿（今山东东阿）、鄄（今山东鄄城一带）等地，燕国也乘机派兵占据齐国黄河南岸部分地区，令齐国相顾不暇，齐军节节失利。齐景公在国内广募将才，担任国相的晏婴郑重地向他推荐了已沦为布衣的田穰苴。晏婴说："穰苴是田氏后裔，虽身为庶民，却有文才武略，而且文能服众，武能威敌。"景公即委任田穰苴为将军，让其率兵抵御晋、燕的进攻。

　　田穰苴执法如山，出征时，监军庄贾违犯军纪，未能准时到达军中。田穰苴以延误军机为由，要将他处以极刑。庄贾顿时惊恐不已，慌忙派人骑马报告齐景公，请大王救他。然而，不待信使返回，庄贾便被斩首示众，三军将士无不为之震惊。这时，齐景公的信使也带着赦免令到，急切之中，竟驱车直闯军营。田穰苴看过赦令道："将在军中，君命有所不受!"随即又问："在三军营中驾车硬闯的，该当何罪?"司法官回答说："当斩。"来使立刻慌作一团。穰苴说："国君信使可以不斩。"于是，杀了使者仆从和左边驾车的马匹，拆了车子的左半边，以代替使者。

　　立斩违犯军纪的监军大臣庄贾的壮举，使三军将士对田穰苴更加敬畏，无人敢视军纪为儿戏。田穰苴整军之后，齐军面貌立刻改观，成了

纪律严明、军容整肃、令行禁止、悉听约束的能战之师。然后，他立即率师出发，奔赴前线。

在军旅中，田穰苴对士卒们休息、宿营、掘井、修灶、饮食、疾病、医药，都亲自过问，把供给将军的全部费用和粮食，都用以犒赏士卒，自己与士卒吃一样的伙食。他与士卒同甘共苦，深受士卒欢迎，很快赢得了将士们的信任和拥戴，军队士气高昂，愿随其慨然赴命。三天后，部署调整军队时，病兵都要求同行，士卒都争着奋勇参战，发誓效命疆场。消息传到晋、燕军中，晋、燕将士都为齐军的军威所震慑。于是，晋军慌忙撤离阿、鄄，燕军渡黄河北逃。田穰苴乘势追击，很快便收复了被占城邑和土地，班师回朝。这一仗，粉碎了晋、燕灭齐的企图，保卫了国家安宁。齐国朝野，一片欢腾。齐景公亲率诸大夫到郊外隆重迎接，并任命田穰苴为掌管全国军事的大司马。司马穰苴的名字，从此遐迩皆知，故后人称他为"司马穰苴"。

外患消除之后，内争又起。齐国大夫鲍氏、高昭子、国惠子之辈陷害穰苴，在齐景公那里进谗言，景公罢了穰苴的官。穰苴离职后一心总结治军、作战经验，撰写兵书战策。不久病发而死。田氏家族因此对高昭子、国惠子等异常痛恨。其后田常杀了简公，尽灭高子、国子的家族。田常的孙子田和自立，号太公。到了太公的孙子田齐掌权时，便自立为齐威王。这时，距司马穰苴故世约有150年。齐威王在组织士大夫追论古人兵法时，将司马穰苴的兵法附于其中，并将兵书的名字定为《司马穰苴兵法》，亦称《司马法》。

（二）战国时期代表人物

1.吴起

吴起（？—公元前381年），卫国左氏

（今山东省定陶，一说曹县东北）人，是继孙武之后，既善于用兵又具有高深的军事理论的第一人。他战功显赫，兼有政绩，是一个有争议然而杰出的人物。作为战国著名的政治改革家，卓越的军事家、军事理论家，其军事实践和军事理论，对后世影响很大，后世论兵，莫不称"孙吴"。今本《吴子》，还被译成英、日、法、俄等多种文字介绍到国外。

吴起为人思虑缜密，秉性刚烈，志向高远，为求做官，败光家产。于是有一些乡邻公开议论嘲笑他，吴起因此大怒，连杀了三十多个诽谤自己的人而离家出走。他辗转去了齐国，拜曾参为师，很得曾参赏识。这期间，他还娶了齐国大夫田居的女儿为妻。后来，因为母亲去世他未归家，被曾参视为品行不端，断了师生情谊。吴起不得已奔投鲁国，并开始研习军事。

公元前412年，齐国大举进攻鲁国，鲁国情势危急。吴起很想率军抗齐、建功立业，鲁穆公也有意选其为将，却因其妻为齐国人而疑虑重重，担心他心存二志。吴起欲以此成就功名，毅然将妻子杀死，表明自己与齐国

彻底决绝,史称杀妻求将。鲁穆公为之感动,任用他为大将,率师御齐。吴起率鲁军到达前线,没有立即同齐军开仗,表示愿与齐军谈判,先向对方示之以弱,以老弱之卒驻守中军,给对方造成一种"弱"、"怯"的假象,用以麻痹齐军将士,骄其志,懈其备,然后出其不意地以精锐之师突然向齐军发起猛攻。齐军仓促应战,一触即溃,伤亡过半,鲁军大获全胜。吴起破齐,赢得了鲁国的安宁。但吴起为人狠毒,贪慕名色而不择手段,终失信任,只好怅然投奔魏国。

魏文侯见吴起来投,拜他为将。吴起治军号令严明,军纪森严,赏罚严明,

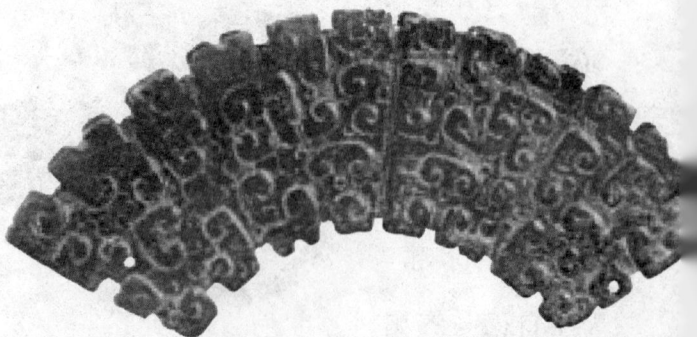

任贤用能。他处处以身作则，为人表率，与士卒同衣、同食、同住，行军不骑马，自己多余的粮食都拿出与士卒一起分享。有一个士卒患疽疮，吴起亲自用嘴为其吸脓。这一切，都使其深得军心。公元前409年、公元前408年，吴起率魏军与秦军两次大战，收复了被秦国侵占的国土，以显赫的战功，被魏文侯任为西河守，以抵御秦、韩两国。随之，吴起又率军"与诸侯大战七十六，全胜六十四"，其中公元前389年的阴晋之战，吴起以五万魏军，击败了十倍于己的秦军，成为中国战争史上以少胜多的著名战役，魏国也因此威震列国。吴起与相国田文共同辅佐魏武侯，使吏政整肃，百姓乐业，国库充盈。后田文故世，吴起渐渐遭到排挤，便远走楚国。

楚悼王对吴起十分赏识，拜为相国。吴起辅助楚悼王变法，他严明法令，重用贤能官员，裁减冗官，论功行赏，捐弃公

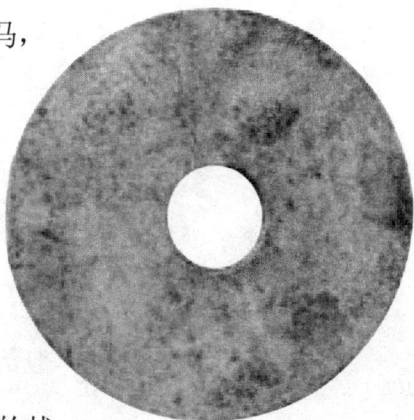

族中疏远的人，把节省下的钱粮用以供养
战士，并贬斥清谈投机之士，重用有真才
实学的人。这使得楚国国益富、兵益强，
南面平定了百越；北面兼并了陈国和蔡
国，并击退了韩、赵、魏的进攻；向西征
伐了秦国，使楚"兵震天下，威服诸侯"。
但是，吴起变法得罪了楚国的王公贵族，
到楚悼王死后，他被王公贵族射杀。

　　吴起著兵书《吴子》共48篇，是吴起
与魏文侯、魏武侯论兵的辑录，原著早
佚，今虽仅存"图国"、"料敌"、"治兵"、
"论将"、"应变"、"励士"等六篇，比较

真实全面地反映了他的军事观点。

2.孙膑

孙膑，战国中期齐国人，生卒年不详，大致于孙武去世后百余年，即公元前3世纪，大致与商鞅、孟轲同时，生于阿、鄄（今山东阳谷阿城镇、鄄城县）之间。孙膑是孙武后代，本名孙伯灵，因受膑刑，被砍去两个膑骨，故世称孙膑。他是我国历史上享有盛名并富于传奇色彩的军事家。

孙膑曾与庞涓师从鬼谷子同学兵法，后庞涓忌其才能，设计骗孙膑到魏，施以膑刑（削去膝盖骨的酷刑）。后孙膑被齐国使者偷偷救回齐国，齐使把孙膑的情况向齐国大将田忌介绍后，田忌对孙膑"善而客待之"，让其住在自己家中养伤。这段时间，孙膑经常与田忌谈论政治、军事形势和兵法，他卓越的才识、

机敏的谈吐，使田忌深为折服。那时，田忌经常与齐威王及诸公子赛马，赌以千金。一次，田忌让孙膑一同去观看赛马。赛跑的马分上、中、下三等，孙膑向田忌献计，让他用下等马同齐威王的上等马比赛，用上等马、中等马对其中等马、下等马，结果，田忌以两胜一负的成绩赢得了比赛的胜利。赛马一结束，田忌借机将孙膑推荐给齐威王。齐威王问兵法，拜其为军师。

公元前353年，魏国以庞涓为将率军伐赵，兵围赵都城邯郸。次年，邯郸在久困之下已岌岌可危，向齐国求救。齐于是以田忌为将，孙膑为军师，率军击魏救赵。孙膑令一部轻兵乘虚直趋魏都大梁，而以主力埋伏于庞涓大军归途必经的桂陵。魏国因主力远征，都城十分空虚。魏惠王见齐军逼进，急令庞涓回师自救。庞涓撤军邯郸，至桂陵时，遭到齐军伏兵截击，几乎全军覆灭，庞涓仅以身免。这便是历史上著名的"桂陵之战"。

"围魏救赵"变攻坚为击虚，变被动趋战为以逸待劳，变击敌有备为出其不意，成为历史上的经典战例。

公元前342年，魏国在国力恢复之后进攻韩国。韩国难以抵挡强大的魏军，遂派使向齐国求救。齐以田忌、田婴、田盼为将，孙膑为军师，仍采取攻其都城而必自救的战法，率军长驱魏境，兵锋直逼大梁。庞涓闻讯，忙弃韩而回。魏惠

王深恨齐国一再干预魏国的大事，乃起倾国之兵迎击齐军，仍以庞涓为将，太子申为上将军，随军参与指挥，誓与齐军决一死战。孙膑见魏军来势凶猛，且敌我力量众寡悬殊，只可智取，不可力敌，便决定采用欲擒故纵之计，诱庞涓上钩。一路上，他令军队逐步减灶，造成齐军大量逃亡的假象，以诱敌深入。庞涓果然上当，便丢下步兵，率轻骑精锐，兼程穷追。至马陵时，遭到齐军主力伏击，庞涓智穷力竭，拔剑自刎。齐军遂全歼魏军，俘太子申，取得了马陵之战的重大胜利。孙膑则以善于用兵而名扬天下。

马陵之战后，田忌遭宰相邹忌的陷

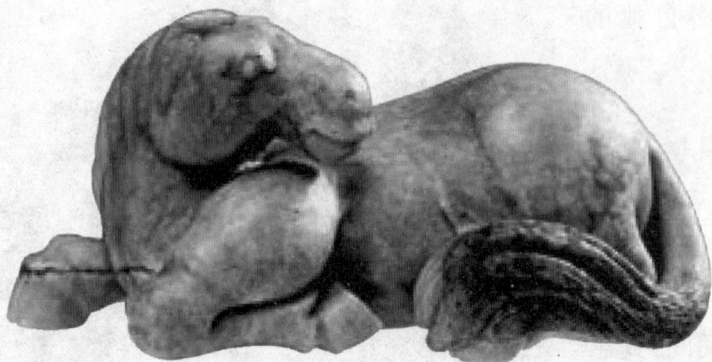

害，被迫流亡楚国。孙膑辞官归隐，不知所终。孙膑才华横溢，兵法造诣高深，治军以律，用军以谋，战功卓著，其军事理论，堪称我国古代朴素唯物论和辩证法在战争问题上运用的典范。后人曾有诗赞道："孙子知兵，翻为盗憎；刖足衔冤，坐筹运能。救韩攻魏，雪耻扬灵；功成辞赏，遁迹藏名。揆之祖武，何愧典型！"

3.白起

白起（？—公元前257年），郿（今陕西郿县东北）人，楚白公胜之后，故又称公孙起，号称"人屠"，战国四将之一（其他三人分别是王翦、廉颇、李牧），白起素以深通韬略著称，是中国历史上自孙武、吴起之后又一个杰出的军事家、统帅。白起从初级军官靠不断建立军功而成为上将军，靠显赫的军功而留名青史，但其滥杀降卒也到了令人发指的程度。

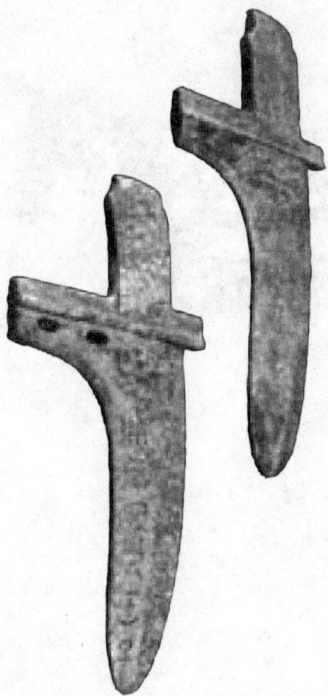

他的上将军宝座，是安置在上百万人的白骨堆上的。

　　白起的职业军人之路，可谓扶摇直上。从参军到晋升左庶长，由左庶长到左更，由左更到国尉，不过十来年时间。这期间，担任左更的白起即带兵攻打韩国和魏国，在伊阙一战，秦军大胜，韩魏两国被斩首的军士多达24万，同时还俘获了韩魏两国的总指挥官公孙喜，占领两国城池五座，白起也晋升到国尉的位置，而国尉仅次于将军。此后的白起，军事才能大展，战绩辉煌。

　　公元前293年，白起因安邑之战大胜再升为大良造。这一年，白起带兵攻打魏国，连取魏国大小城池61座。从这一年起，至秦昭王四十四年，29年间，他或与人一道带兵，先后攻下魏国的垣城，赵国的光狼城，楚国的鄢、邓城，特别是在秦昭王二十九年（公元前278年），白起带兵攻打楚国，占领了楚国的郢城，放火烧了夷陵，迫使楚国迁都，楚国从此一蹶不振。凭着这些显赫的战功，这一年白起升任武安君。此后，白起先后攻打魏国，打败魏将芒卯，斩首魏军将士13万人；大胜赵将贾偃，将赵军将士两万人沉于河中；攻韩国陉城，斩首韩国将士5万，于秦可谓战功卓著，但杀伐残酷，令人胆寒。

秦昭王四十七年（公元前260年），秦国将战争的矛头指向了赵国。先是派左庶长王龁带兵攻韩，占领了上党，接着王龁直接进攻赵国，赵国派出老将廉颇应敌。廉颇知道赵国与秦国相比，是敌强我弱，于是坚守不出。秦国丞相范雎使出反间计，使得赵国派赵括替代廉颇为将。赵括只会纸上谈兵，上任之后，一反廉颇的坚壁战略，冒险带兵出击。而秦暗中命白起为将军，王龁为副将。面对鲁莽轻敌、高傲自恃的对手，白起决定采取后退诱敌、分割围歼的战法。他令秦军诈败，暗伏奇

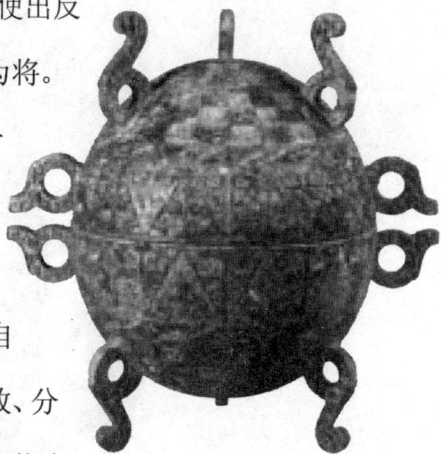

兵，引赵军追击。赵括还真以为自己打了胜仗，带兵直攻到秦国城下。秦军坚守不出，暗中派主力断了赵军后路，又派五千骑兵支援，赵军被秦军一分为二，粮道被断。这时，白起又派出精兵袭击，赵军只得筑垒壁坚守，以待救兵。秦王听说赵军被围，又征发15岁以上男丁从军，全派到长平一带，完全阻断了赵军的给养补给道路。赵军断粮46天后，赵括亲率精兵出战，被秦军射杀，所部四十多万人只好投降，白起把赵降卒全部坑杀，这就是著名的长平之战。

长平之战之后，白起与范雎结怨，加之身体有病和意气用事等原因，他的

武运也就走到了终点。秦昭王屡次命白起统兵攻赵，但均遭拒绝。后来，秦军屡败，公元前257年，秦昭王令其带病强行出征，后以为白起迟迟不肯奉命，派使者赐剑命其自刎。白起仰天长叹："我何罪于天下而至此哉？"过了很久又说："我固当死。长平之战，赵卒降者数十万人，我诈而尽坑之，是足矣死。"于是自刎而死。

白起用兵，不以攻城夺地为唯一目标，而是以歼敌有生力量作为主要目的的歼灭战思想，较孙武的"穷寇勿追"不同，为求歼灭敌人而强调追击战，对敌人穷追猛打。同时，善于战前料算，然后采取正确的战略、战术方针对敌人发起进攻，如伊阙之战中集中兵力，各个击破；长平之战诱敌深入，先诱敌军脱离设垒阵地，再在预期歼敌地区筑垒阻敌，创造了先秦战史上最大的歼灭战战例。可以说，白起的军事艺术和作战实践，代表了当时军事发展的最高水平。

（三）汉代初期代表人物

1.张良

张良（？—公元前186），字子房，汉初三杰（张良、韩信、萧何）之一。传为汉初城父（《后汉书注》云："张良出于城父。"即今安徽亳州市东南）人。西汉开国元勋，汉初政治家、军事家。张良虽系文弱之士，不曾挥戈迎战，却以军谋家著称，有"谋圣"之称。

张良先世原为韩国贵族，秦灭韩后，他图谋报仇雪恨，恢复韩国，变卖了全部家产，结交刺客，在博浪沙（在今河南原阳东南）狙击秦始皇未遂，逃亡至下邳（今江苏睢宁北）。后来在圯桥奇遇黄石公，黄石公为了考验张良的为人和才智，故意将鞋子掉在桥下，吩咐张良去拾上来，还叫他亲自跪地穿鞋，张良一一顺从照做，获得青睐。黄石公授给他一部《太公兵法》，张良熟读兵法，成为秦末汉初的军事谋略家。

秦末农民战争中，张良率部投奔刘邦，烧栈道瞒项羽，修栈道度陈仓，屡次麻痹项羽，为刘邦的军事行动掩护。不久游说项梁立韩贵族成为韩王，为韩司徒。后韩王成被项羽杀害，复归刘邦，被封为成信侯，成为重要谋士。楚汉战争期间，公元前206年，当时为沛公的刘邦率领义军攻破武关，进入关中地区，他采纳张

良的建议，与秦民约法三章，并派人驻守函谷关，以防项羽进关。项羽进入关中以后，刘、项关系紧张，战争大有一触即发之势，强弱悬殊，危在旦夕。张良劝刘邦在鸿门宴上卑辞言和，保存实力，并疏通项羽的叔父项伯，使刘邦得以脱身。公元前205年，刘邦在彭城一战惨败，张良又为刘邦推荐反楚主将，明确提出拉拢英布、联络彭越、倚重韩信、共同抗楚的计谋，牵制项羽，从而奠定对项羽的战略包围，继而终于打败项羽，迫其自刎。

西汉开国，张良被封为留侯，见刘邦封故旧亲近，诛旧日私怨，力谏刘邦封夙怨雍齿，以安抚功臣的不满情绪；提议建都关中，拥立刘盈为太子。刘邦曾赞其"运筹帷幄之中，决胜于千里外，子房功也"。张良、萧何与韩信都被委以重任，但好景不长，刘邦就对这些旧臣怀有戒心。淮阴侯韩信以谋反罪名被杀，相国萧何获罪下狱，张良深谙道家"柔弱胜刚强"、"功成而身退"的道理，再不过问政事潜心于"辟谷"修道，从而摆脱了危机，善始善终地度过一生。

2.韩信

韩信（约公元前231—公元前196年），江苏淮阴（今江苏清江西南）人，西汉开国功臣，齐王、楚王、上大将军，后贬为淮阴侯。中国历史上伟大的军事家、战略家、战术家、统帅和军事理论家。作为中国军事思想"谋战"派代表人物，他被后人奉为"兵仙"、"战神"。"王侯将相"曾由韩信一人全任，"国士无双"、"功高无二，略不世出"是楚汉之时人们对其的评价。

韩信早年家贫，经受了贫困潦倒、漂泊寄食、胯下受辱的磨练。公元前208年，他投奔项梁，参加反秦斗争。项梁阵亡后归属项羽，任郎中，曾多次献计，都未被采纳。刘邦受封为汉王后，韩信即由楚归

汉，做管理仓库的小官，依然不被人所知。后经夏侯婴推荐，拜治粟都尉，管理粮饷，仍未得到重用。

韩信心灰意冷，乘月而走，丞相萧何策马月下追韩信，终于劝得韩信留下，并极力向刘邦保举：要想争夺天下，非有韩信不可。于是，刘邦拜韩信为大将军。拜将后，韩信立刻向刘邦剖析天下大势，并向刘邦提出其分析和战略。一次，汉高祖问韩信："你看我能指挥多少军队呢？"韩信说："陛下您最多能指挥十万人。"刘邦又问："那么你能带多少兵呢？"韩信说："韩信点兵，多多益善。"

项羽分封诸侯后不足一年，齐国发生内乱，项羽于是亲率楚军北上平乱。公元前206年8月，刘邦出兵东征，当时出征的栈道已被烧毁，不能行军。韩信提出"明修栈道，暗度陈仓"的计策，派了兵士几百人，装作去修建栈道，自己却率领三军，悄悄地从南郑出发，偷度陈仓，很快便攻占咸阳，平定关中。

楚汉之争中，刘邦彭城惨败，兵退荥阳。韩信率兵在京城和索城（都在今河南荥阳附近）之间击退楚军，使楚军不能西越荥阳。同时，魏王魏豹附楚反汉，刘邦派韩信领兵攻魏，韩信出其不意地奔袭魏国都城安邑，俘虏魏豹。随后韩信率军击败代国，这时汉营调走他旗下的精兵到荥阳抵抗楚军。韩信继续进军，在井陉背水一战，以少数兵力击败号称20万人的赵军，虏获赵王赵歇，继而成功游说燕王归附汉王。

公元前204年，韩信在潍水对阵齐王田广和楚将龙且的联军，他连夜秘密派人将潍水上游堵起来，这样下游河水变浅了。次日，当齐楚联军刚刚走到河心，韩信暗令埋伏在上游的汉军扒开沙袋，飞泻而下的大水将正在渡河的齐楚联军截

为两段，被大水卷走的士兵不计其数。韩信挥师追杀，齐王逃跑，龙且战死，韩信陆续平定齐地。公元前203年，韩信以齐地未稳为由，自请为假齐王（假，有代理的意思），以便治理。当时刘邦正受困于楚军的包围下，不得不听从张良和陈平的劝谏，封韩信为齐王。后来，韩信带兵会合刘邦，以十面埋伏之计大破楚军，最后迫使项羽撤退到垓下，韩信令汉军四面唱起楚歌，使楚军丧失斗志，项羽眼见大势已去，自刎于乌江边。

项羽死后，韩信被解除兵权，并改封齐王为楚王，移都下邳。韩信就国后，经常陈兵出入，汉高祖怀疑韩信谋反，令人将其擒拿，韩信大呼："果若人言：狡兔死，良狗烹；高鸟尽，良弓藏；敌国破，谋臣亡。天下已定，我固当烹！"后来刘邦赦免韩信，韩信被降为淮阴侯。后巨鹿郡守陈豨反叛，韩信便与家臣密谋从内部袭击吕后、太子等人，但为人告发。韩信被吕后诱入宫中，在长乐宫的悬钟室中被杀，并株连三族。

韩信熟谙兵法，自言用兵"多多益善"，先后指挥陈仓之战、京索之战、安邑之战、破代之战、井陉之战、破齐之战、潍水之战、彭城之战和垓下之战等一系列重要战役，每次都取得了辉煌的胜利，其用兵之道，为历代兵家所推崇，正如南宋哲学家、文学家陈亮所说："信之用兵，古今一人而已。"而大量的战术典故如明修栈道、暗度陈仓、背水为营、四面楚歌、十面埋伏等，更是战争史上的杰作。作为统帅，韩信叱咤风云、纵横捭阖，一生无一败绩，为开创两汉四百多年基业建立了丰功伟绩，而他出神入化的指挥艺术和博大精深的军事谋略，为丰富和发展我国古代军事科学做出了巨大的贡献，具有独特的历史地位和价值。

三、兵家代表著作

（一）《司马法》

1.简介

《司马法》又叫《司马穰苴兵法》、《军礼司马法》、《古司马兵法》，是我国古代重要兵书之一，大约成书于战国初期。书名称《军礼司马法》，是因为这部书主要是追述春秋中前期甚至更早时的"军礼"和"军法"，而据《史记·司马

穰苴列传》记载："齐威王使大夫追论古
者司马兵法而附穰苴于其中，故号曰《司
马穰苴兵法》。"《司马法》最早见于《汉
书·艺文志》的礼类，称《军礼司马法》，
共计155篇，但自《隋志》以来，各书所录
只有三卷，今存本只有五篇。

《司马法》今存本有《仁本》、《天子
之义》、《定爵》、《严位》、《用众》等五
篇，保存了古代用兵与治兵的原则，包括
夏商周三代的军赋制度、军队编制、军事
装备保障、指挥联络方式、阵法与垒法、
军队礼仪与奖惩措施等方面的重要史
料，论述了统率军队和指挥作战的经验，
以及指挥员应具备的条件。此外，还有很

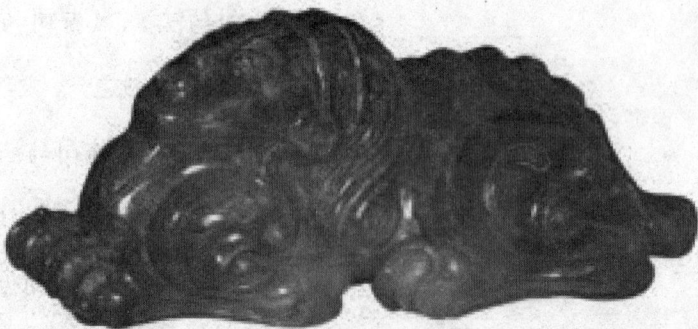

丰富的哲理思想，很重视战争中精神、物质力量之间的转化和轻与重辨证关系的统一，对于人的因素、士气的作用也非常重视。

作为我国古代战争实践经验的理论概括，《司马法》一向受到统治者、兵家和学者们的重视。汉代司马迁称其"闳廓深远，虽三代征伐未能竟其意，如其文也"（《史记·司马穰苴列传》）。汉武帝"置尚武之官，以《司马法》选位，秩比博士"（荀悦《申鉴·时事篇》）。唐李靖说："今世所传兵家者流，又分权谋、形势、阴阳、技巧四种，皆出《司马法》也。"它所阐述的以法治军的思想和具体

的军法内容，为其后各时期制定军队法令、条例提供了依据。历朝论证周代军制和注解古籍者对《司马法》多所称引。东汉以后，马融、郑玄、曹操等人的著作中，都曾以《司马法》为重要文献资料而加以征引。宋代以来，《司马法》被列为《武经七书》之一，武举应试的经典之一，传播更加广泛。

《司马法》在国外流传也较广泛。早在1600年日本就出现了研究《司马法》的专著《校定训点司马法》和《司马法评判》，之后相继有三十余部专著问世。

2.军事思想

（1）以仁为本的战争观

《司马法》对讲仁义、无战争的先王时代十分推崇，《仁本》篇说 "古者以仁为本，以义治之之谓正"，又说 "先王之治，顺天之道，设地之宜，官民之德，而正名治物，立国辨职，以爵分禄，诸侯悦怀，海外来服，狱弥兵寝，圣德之治也"，把战争看成是政治的组成部分，是通过政治手段达不到目的时而采取的另一种权衡手段。但是，《司马法》并不反对蓄养军队和进行战争，"国虽大，好战必亡；天下虽安，忘战必危"，在用政治难以达到目的时，就使用战争这一特殊手段，即先"以土地刑诸侯，以政令平诸侯，以礼信亲诸侯，以材力悦诸侯，以谋人维诸侯。"如果上述五种方法仍不能解决问题，只有"以兵车服诸侯"。然而，进行战争是有前提的，即"是故杀人安人，杀之可也；攻其国，爱其民，攻之可也；以战止战，虽战可也"，认为对于不符合仁爱原则的行为必须用战争手段来抑制，用战争制止战争。

春耕秋收之际征战，势必有违农时。严寒酷夏之际出征，势必困顿士卒，所以要选择适当的季节进行征伐。从以仁为本的战争观出发，《司马法》提出了作战原则："战道，不违时，不历民病，所以爱

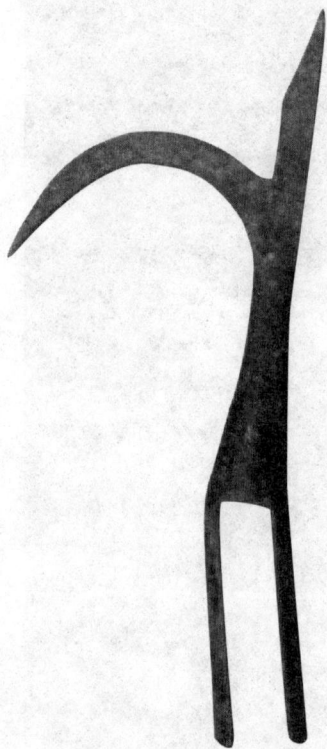

吾民也；不加丧，不因凶，所以爱夫其民也；冬夏不兴师，所以兼爱民也。"在交战时，要"逐奔不过百步，纵绥不过三舍，是以明其礼也；不穷不能而哀怜伤病，是以明其仁也；成列而鼓，是以明其信也；争义不争利，是以明其义也；又能舍服，是以明其勇也。知始知终，是以明其智也"。同时，把战争"罪人"和一般兵士相区别，主张优待俘房，对其伤者进行医护，提出"入罪人之地，无暴神祇，无行田猎，无毁土功，无燔墙屋，无伐林木，无取六畜、禾黍、器械。见其老幼，奉归勿伤，虽遇壮者，不校勿敌；敌若伤之，医药归之"。

(2) 以礼治军的原则

以礼治军是《司马法》中的重要内容。军礼内容大体可分为出军制赋、军制、出师、旌旗、誓师、献捷、献俘等。例如，出师征讨，不仅讲究时令，而且要名正言顺。春天生育万物，秋季万物成熟，都不适宜征战，所以"春不东征，秋不西伐"。出师时还要举行祭社、造庙仪式，"兴甲兵以讨不义，巡守省方，会诸侯，考不同。其有失命，乱常背德，逆天之时，而危有功之君，遍告于诸侯，彰明有罪，乃告于皇天上帝、日月星辰，祷于后土、四海神祇、山川冢社。乃造于先王，然后冢宰征师于诸侯，曰：某国为不道，征之。以某年月日师至某国，会天子正刑"。在军中，将帅与士卒、上级与下级有严格的礼仪来规范尊卑位次，但在特殊情况下则有特殊规定，但"介者不拜，兵车不轼，城上不趋，危及不齿"，即身穿甲胄的武士见到长官可以不跪拜，乘兵车的人不需抚车轼向尊者敬礼，在城上守卫的人见到尊者不必趋拜，在危急之际不必向

尊者启齿问候。这些规定的目的，意在避免因礼仪而耽误战事。战争胜利，凯旋而归，要举行盛大仪式相互庆贺，这是每次战后必要的程序。《司马法·天子之义》："得意则凯歌，示喜也。"军队班师后，国君登上专门修建的高台，答谢百姓的辛劳，并举行仪式，宣布偃武修文、休养生息，表示人们从战争时期又走向了和平时期。"偃伯灵台，答民之劳，示休也。"

（3）备战、慎战的军事思想

《司马法》强调对战争要全面考察，做到"五虑"，即顺应天时、广集财富、人和、地利、兵器精良；要居安思危，常备不懈，每年借春秋两次大规模的围猎活动进行军事操法训练和检阅，以示全国上下不忘战并随时准备应战，"天下虽安，忘战必危。天下既平，天子大恺，春搜秋狝。诸侯春振旅，秋治兵，所以不忘战也"。战前要周密计划，"主固勉若，视敌而举"，其旨意是针对敌情变化，因地

制宜，善于从众寡、轻重、治乱、进退、难易、固危、先后等各种关系中分析敌我双方情况，灵活地运用不同的战术，最终战胜敌人。"视敌而举"的前提是观察敌情，在总结分析的基础上灵活地运用战术，"凡战，众寡以观其变，进退以观其固，危而观其惧，静而观其怠，动而观其疑，袭而观其治，击其疑，加其卒，致其屈，袭其规，因其不避，阻其图，夺其虑，乘其惧"。

(4) 治军与治国区分有别

《司马法》提出了治军的规律，强调"国容不入军，军容不入国"，"军容入国则民德废，国容入军则民德弱"，其根本宗旨，是要区分治军与治国的不同。国家、朝廷的那一套礼仪规章万万不能搬用于军队，同样，军队的法令条例也不能移作治国的工具。两者各有不同的特点和要求："在国言文而语温，在朝恭以逊……在军

抗而立，在行遂以果，介者不释，兵车不式"，也就是说在朝廷要温文尔雅，谦虚谨慎；在军中则要勇猛果决，体现出礼与法、文与武相辅相成的精神。《司马法》提出治军尚法的首要问题是严明赏罚，认为申军法、立约束、明赏罚是治理军队的关键所在，"凡战胜，则与众分善；若将复战，则重赏罚"，"赏不逾时，欲民速得力善之利也；罚不迁列，欲民速睹为不善之害也"，体现了以法治军思想。

（5）注重将帅修养

《司马法》强调将帅除善于领兵外，还应德才兼备，智勇双全，以身作则，身先士卒，关爱士卒，"士卒次舍井灶饮食问疾医药，身自拊循之。悉取将军之资粮

享士卒，身与士卒平分粮食，最比其羸弱者"。同时，对部下怀德，尊重部下，才能取得士卒的信任，"凡战，敬则慊，率则服"。此外，将帅还应有谦让、严明、果敢、负责等品质，做到"受命之日则忘其家，临军约束则忘其亲，援枹鼓之急则忘其身"。"凡战，胜则与众分善。若将复战，则重赏罚。若使不胜，取过在己。复战，则誓以居前，无复先术。胜否勿反，是谓正则。"也就是说，身为将帅，要谦逊自处，战争获胜，功劳归功于大家；战争失利，过错归咎于自己。

(6)"相为轻重"的朴素辩证法思想

《司马法》有着朴素的辩证法因素。他认为，在战争中"以重行轻"，轻、重相辅而成。他说："凡战以轻行轻则危，以重行重则无功，以轻行重则败，以重行轻则战，故战，互为轻重。"因此，在他看来，掌握战争规律的关键在于处理好"轻"、"重"两者的关系，做到有主有次，主次分明，才能抓住重点，掌握战争的主动权，同时认为统帅的战术指挥称为"轻"，战略指挥称为"重"，"上烦轻，上暇重"，主张轻重相节，不可偏废。此外，轻、重又是可以相互转化的，"马车坚，甲兵利，轻乃重"，要善于相宜而用，"轻"、"重"有节。

（二）《吴子》

1.简介

《吴子》又称《吴子兵法》、《吴起

兵法》，是一部兵法著作，《武经七书》之一。相传战国初期吴起所著，继承和发展了《孙子兵法》的有关思想，在历史上曾与《孙子兵法》齐名，并称为"孙吴兵法"，战国末年即已流传，《汉书·艺文志》称"吴起四十八篇"，《隋书·经籍志》、《新唐书·艺文志》均载为一卷。今仅存《图国》、《料敌》、《治兵》、《论将》、《应变》、《励士》六篇，分上下两卷，近五千字。历史上曾有人据此认定《吴子》一书为伪作，这是没有根据的。在战国末期，《吴子》已经流行。《韩非子·五蠹》说："境内言兵，藏孙、吴之书者家有之"。《史记·孙子吴起列传》说："世俗所称师旅，皆道《孙子》十三篇，吴起兵法，世多有。"说明在汉代《吴子》与《孙子兵法》一样，流传也很普遍。至于篇目之差，可能是由于流传过程中亡佚所致。《吴子》现存最早的版本是宋代的《武经七书》本。后世版本，如明吴勉学刊《二十子》本、明翁氏刊《武学经传三种》本、清孙星衍《平津馆丛书》本、清《四库全书》本等，均源于宋本《武经七书》。

《吴子》是吴起在前人基础上，结合当时的实践经验总结而成的，反映了新兴地主阶级的战争理论、军队建设和作战指导方面的观点。《吴子》多为与魏武侯的对话和吴起本人的语录，《图国》主要论述治国治军、亲民用贤等国家大计；《料敌》讲判断敌情；《治兵》讲进军、作战、训练、指挥等事情；《论将》论述将领之素质；《应变》言战场之各种变化及

应变原则;《励士》则是论赏罚,偏向于用"赏"的办法来激励将士。《吴子》是继《孙子》以后又一部体系完备、思想精深、具有重大理论价值的兵学论著,是中国古代文化中一份珍贵的遗产,该书所论及的一些军事理论和方法,对战国以后的历代军事家均有较深的影响,至今仍有较高的科学价值,因而为历代兵家所重视。现有日、英、法、俄等译本流传。

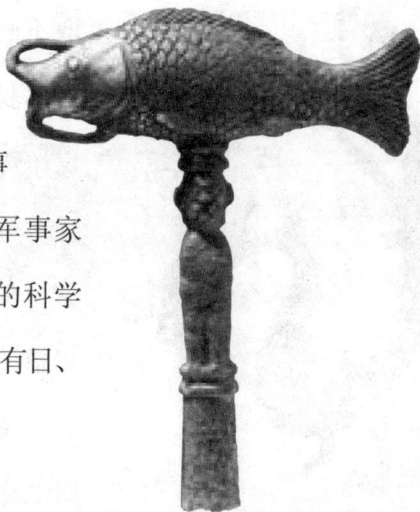

2.军事思想

(1)倡行正义的战争观

《吴子》对于战争的性质做了有益的探索,主张对战争要采取慎重的态度,提倡正义之战,反对穷兵黩武。《吴子》提出战有五因,兵有五类,即凡兵之所起者有五:"一曰争名,二曰争利,三曰积恶,四曰内乱,五曰因饥。"由战争的五种起因出发,《吴子》又探索了战争的性质,将战争分为五类,即禁暴救乱的"义兵",

恃众凌弱的"强兵",因怒兴师的"刚兵",弃礼贪利的"暴兵"和国乱人疲、举事动众的"逆兵",针对不同的战争,采取不同的措施:用礼驾驭"义兵",以谦逊驾驭"强兵",以言辞驾驭"刚兵",以谋诈驾驭"暴兵",以权力、权变驾驭"逆兵"。

(2)"内修文德,外治武备"的战略思想

吴起主张政治与军事并重,认为治国之道,文武并重,要"内修文德,外治武备",即对内要加强和巩固政治统治,只有首先在国家、军队内部实现协调和统一,充分赢得民心,才能对外用兵;对外强调积极备战,组织一支勇敢强壮、具有各种军事才能,愿意为国为民效力的军队,以利进行兼并战争。所谓"文德",指政治教化而言,就是"道、义、礼、仁",并以此治理军队和民众,认为"民安其田宅,亲其有司","百姓皆是吾君而非邻国，则战已胜矣"，强调军队、国家要和睦。所谓"武备"，指军事战争而言，就是"安国家之道，先戒为宝"，必须"简募良材，以备不虞"。

（3）兵不在多，"以治为胜"的治军思想

《吴子》认为，战争胜负，不完全取决于军队的数量，重要的是依靠军队的质量。质量高的标准是：要有能干的将领，要有经过严格训练的兵士；要有统一的号令；要有严明的赏罚，这样才能培养出一支有精干的指挥官、有经过严格训练的士卒、有统一的号令、有严明的赏罚的能征善战的军队。因此，治理好军队，首先要教育军队严格执行命令，做到"三军服威"、"士卒用命"；其次，"用兵之法，教戒为先"，主张着力提高士卒的作战能力，教给他们如何使用武器、熟悉阵法，采取"一人学战，教成十

人；十人学战，教成百人；百人学战，教成千人；千人学战，教成万人；万人学战，教成三军"的教战方法，达到"居则有礼，动则有威，进不可当，退不可追，前却有节，左右应麾，虽绝成陈，虽散成行……投之所往，天下莫当"的效果；再次，要求选募良材、重用勇士和志在杀敌立功的人作为军队的骨干，并"举有功而进飨之"，"加其爵列"，"厚其父母妻子"，同时，明法审令，使"进有重赏，退有重刑，行之以信"，做到令行禁止，严不可犯。

此外，《吴子》重视将帅的作用，认为要"任贤使能"，选拔文武兼备、刚柔并用，能"率下安众、怖敌决疑"的人为将，良将除具备理、备、果、戒、约的"五慎"条件（"理"是能"治众如治寡"，"备"是能"出门如见敌"，"果"是能"临敌不怀生"，"戒"是能"虽克如始战"，"约"是能"法令省而不烦"），掌握气机（即懂得使全军保持高昂的士气）、地机

（懂得利用地形，据守险要）、事机（懂得使用间谍和计谋，以分散敌人的力量，制造、加剧其内部矛盾）、力机（懂得充实部队的装备，加强其战斗力）四个关键的因素，还应有威、德、仁、勇的品质和作风，必须与士卒同甘苦，共安危，奖励有功者，勉励无功者，抚恤和慰问牺牲将士的家属，以恩结士心，使其"乐战"、"乐死"。

（4）知己知彼、机动灵活的战术思想

《吴子》继承了孙武"知己知彼，百战不殆"的思想，强调军事将领必须了解和分析敌情、我情、天时、地理等各种复杂多变的情况，注意捕捉战机，做到"击之勿疑"、"急击忽疑"、"避之勿疑"。《料敌》篇先从齐、秦、楚、燕、三晋诸国的政治、经济、军事、地理和人民的心理、性格的不同所造成的作战特点出发，提出了不同的作战方针和战法。例如：对齐作战，"必三分之，猎其左右，胁而从

之"；对秦作战，先示之以利，待其士卒失去控制时，再"乘乖猎散，设伏投机"；与楚作战，则"袭乱其屯，先夺其气，轻进速退，疲而劳之，勿与争战"；同燕作战，则"触而迫之，陵而远之，驰而后之"和"谨我车骑必避之路"；与韩、赵作战时，则"阻阵而压之，众来则拒之，去则追之，以倦其师"。由此，《吴子》得出结论，认为要审察敌军的虚实，根据不同的情况而采取应变的措施，在敌方远来立足未稳、粮草匮乏、气候不利、主将离军、上下不和等七种情况下，可大胆进攻；而遇敌地广人富、武器装备精良、有外援帮助等六种情况，则不宜出战。而在《应变》篇中，还具体论述了在仓卒遇强敌、敌众我寡、敌据险死守、敌断我后路、四面受敌及敌突然进犯等情况下的应急制胜策略，例如敌军勇武善战，人数众多，又据

守险要，粮草充足，就应派遣间谍了解敌情，诱敌出战，分兵合围，加以歼灭。

（三）《六韬》

1.简介

《六韬》又称《太公六韬》、《太公兵法》，旧题周初太公望（即吕尚、姜子牙）所著，普遍认为是后人依托，作者不可考。该书最早见诸著录的是《隋书·经籍志·兵家》，内有《太公六韬》五卷，谓"周文王师姜望撰"。《旧唐书·经籍志·兵家》和《唐书·艺文志·兵家》均著有《太公六韬》六卷，以后各代因之。但从南宋开始，《六韬》一直被怀疑为伪书，特别是清代，更被确定为伪书。然而，

1972年4月，在山东临沂银雀山西汉古墓中，发现了大批竹简，其中就有《六韬》的五十多枚，证明《六韬》至少在西汉时已广泛流传。《六韬》当成书于战国中后期，但不排除其中反映了吕尚的某些军事思想。

今本《六韬》共分六卷六十篇：文韬，论治国用人的韬略；武韬，讲用兵的韬略；龙韬，论军事组织；虎韬，论战争环境以及武器与布阵；豹韬，论战术；犬韬，论军队的指挥训练。《六韬》在政治战略思想方面主张"同天下"、"天下同利"，反复强调"天下非一人之天下，乃天下人之天下"，"同天下之利者则得天下，擅天下之利者则失天下"；在军事哲理方面，含有朴素的辩证法思想，如"夫存者非存，在于虑亡；乐者非乐，在于虑殃"，"大智不智，大谋不谋，大勇不勇，大利不利"，"太强必折，太张必缺"，"无取于民者，取民者也"；在军事思想

方面，主张"伐乱禁暴"，"上战无与战"，强调"知彼知己"，"密察敌人之机"，"形人而我无形"，"先见弱于敌"，等等。

《六韬》全书以太公与文王、武王对话的方式编成，继承以往兵家的优秀思想，又兼采诸子之长，内容丰富，论述详细，涉及到了当时军事领域的各个方面，从而构成了一个比较完备的兵学体系，而且保存了丰富的古代军事史料，如编制、兵器和通讯方式等，堪称集先秦军事思想之大成的著作，在中国古代军事理论发展史上占有重要地位，对后代的军事思想有很大的影响，被誉为是兵家权谋类的始祖。北宋神宗元丰年间，《六韬》被列为《武经七书》之一，为武学必读之书，曾被译成西夏文，在少数民族中流传；在16世纪传入日本，18世纪传入欧洲，现今已翻译成日、

法、朝、越、英、俄等多种文字。

2.军事思想

《六韬》之"韬"，与"弢"字相通，原为"弓套"之意，含有深藏不露之意，引申为谋略。"六韬"，就是六种秘密谋略，即论述战争问题的六种韬略。《六韬》的内容十分广泛，涉及战争观、军队建设、战略战术等有关军事的许多方面，既贯穿着儒家的"仁义德礼"、"爱民"等思想原则，又积极吸收法家的"刑罚"思想，道家的"自然无为"思想，墨家的"尚贤"思想和兵阴谋家的"权变诈谋"思想和兵阴阳家的五行思想等，杂糅战国百家之长，在战国诸兵家学说中具有鲜明的个性。

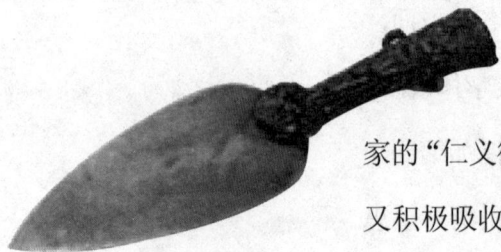

(1)《文韬》

《文韬》内分《文师》、《盈虚》、《国务》、《大礼》、《明傅》、《六守》、《守土》、《守国》、《上贤》、《举贤》、《赏罚》、《兵道》等十二篇，主要论述作战前如何充实国家的实力，为夺取天下作好战争准备。它继承了《司马法》的"仁本"思想，认为治国取天下，应先政治而后军事。在政治当中，国之大务在于"爱民而已"。《国务》说："故善为国者，驭民如父母之爱子，如兄之爱弟，见其饥瘝则为之忧，见其劳苦则为之悲，赏罚如加于身，赋敛如取于己。此爱民之道也。"君主所举贤才能"实当其名，名当其实"，各依其才而授官位，同心辅国，建立"赏信罚必"的奖罚制度，"赏一以劝百，罚一以惩众"，统一全国全军的意志，做到"用兵之道，莫过于一"。如此，才能"同天下之利"，使"天下归之"，才能"守土"、"守国"，才能夺取天下。

(2)《武韬》

《武韬》内分《发启》、《文启》、《文伐》、《顺启》、《三疑》五篇，有的

版本把"兵道"列于《三疑》前。这一卷主要论述取得政权及对敌斗争的策略，认为政治手段可以"全胜不斗，大兵无创"，通过不流血的手段而取胜，要求统治者要与人民"同病相救，同情相成，同恶相助，同好相趋"，要大力发展"三宝"，即"大农"、"大工"、"大商"，充实经济实力。要夺取天下，还必须做有道者，"利天下者，天下启之；害天下者，天下闭之；生天下者，天下德之；杀天下者，天下贼之；彻天下者，天下通之；穷天下者，天下仇之；安天下者，天下恃之；危天下者，天下灾之。天下者非一人之天下，惟有道者处之"。

《武韬》提出"文伐"十二策，一是

投敌所好,使之骄傲;二是"亲其所爱,以分其威。一人两心,其中心衰,廷无忠臣,社稷必危";三是"阴赂左右,得情甚深。身内情外,国将生害";四是助长敌人荒淫享乐;五是敬其忠臣,贿以薄礼,离间他与君主的关系;六是收买敌国君主的内臣;七是用重礼贿赂敌君,使其不了解我方意图;八是用宝器贿赂敌君,与他同谋别国;九是用尊名颂扬敌君,示之卑微顺从,使其骄怠自毙;十是对敌君佯装谦诚,麻痹敌国;十一是闭塞敌君的视听;十二是收买敌君乱臣和选送美女,迷乱其君主心智。这些策略如能奏效,就可以兴兵讨伐敌人。

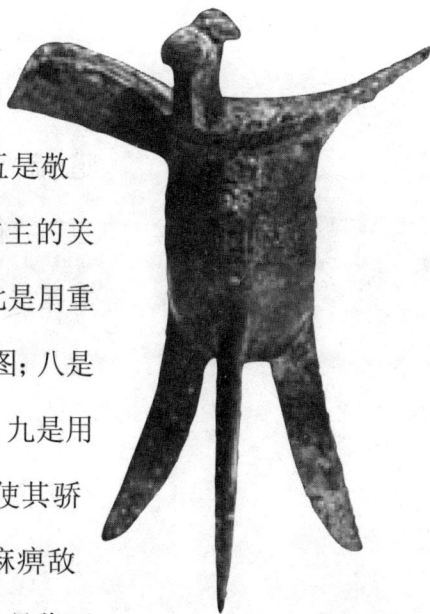

(3)《龙韬》

《龙韬》内分《王翼》、《论将》、《选将》、《主将》、《将威》、《励军》、《阴符》、《阴书》、《军势》、《奇兵》、《五音》、《兵征》、《农器》等十三篇,主要论述武装力量建设的问题，阐述选将、通讯和临机制敌的战术等问题。

《龙韬》认为军队建设应注意将领的选拔与培养，因为"国之大事，存亡之道，命在于将。将者，国之辅，先王之所重也"，"得贤将者兵强国昌，不得贤将者兵弱国亡"，所以对将军要严格选拔，标准是具有"五材"，"所谓五材者，勇、智、仁、信、忠也"。将军还要避免"十过"，"所谓十过者，有勇而轻死者，有急而心速者，有贪而好利者，有仁而不忍人者，有智而心怯者，有信而喜信人者，有廉洁而不爱人者，有智而心缓者，有刚毅而自用者，有懦而喜任人者"。而考察将领要通过"八征"来观察他的言辞、应变力、忠诚、德行、廉洁、操守、勇气和仪态。八者都具备，才是贤将。将军统率军队，还要有"股肱羽翼"，即腹心、谋士、天文、地利、兵法、通粮、奋威、伐

鼓旗、股肱、勇材、权士、耳目、爪牙、羽翼、游士、术士、方士、法算等各种专门人才七十二名，协助将军处理军中各种事务。

此外，《龙韬》还讲述了阴符、阴书等秘密通信方法。阴符即以符节的长短来规定各种暗号，而遇有机密大事，则用阴书而不用符。书要"一合而再离"，即把一封书信分为三部分，而采用"三发而一知"的方法，即差遣三个人各送信的一部分，即使敌人抓获其一，也不会识破军机。

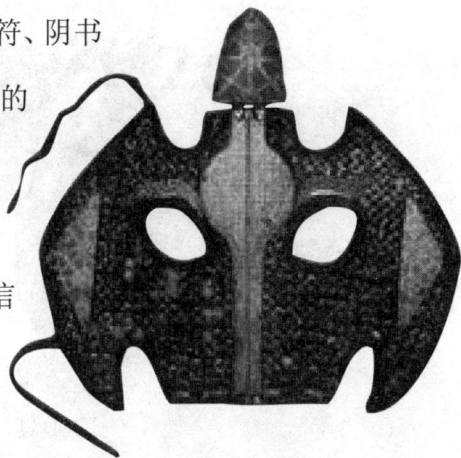

（4）《虎韬》

《虎韬》内分《军用》、《三阵》、《疾战》、《必出》、《军略》、《临境》、《动静》、《金鼓》、《绝道》、《略地》、《火战》、《垒虚》等十二篇，主要讲部队兵器装备、野战和围城战的各种战术等问题。它详尽罗列了一万人的部队所配备的各种武器装备，据《军用》篇载，一军可配武冲大扶胥、武翼大橹矛戟扶胥、提翼小扶胥、大黄参连弩大扶胥、大扶胥冲车、辎车骑寇、矛戟扶胥轻车、木螳螂剑刃扶胥、轴旋短冲矛戟扶胥等九类战车，并给出其数量和功能；配备军中攻守之器：大头铁棒1200枚，大柯斧1200把，方头铁槌1200把，飞钩1200枚，木蒺藜20具，铁蒺藜1200具，各种相连接的铁蒺藜12000具，方胸铤矛1200具，矛戟小橹12具，附有绞车连弩；各种军用工具：伐木大斧300把，大锄300把，铜杵300把，铁耙300把，铁叉300把，方胸两枝，铁叉300把，大镰300把，大橹刃300把，带环的铁橛子300把，铁椰头120把，等等，方方面面，罗列翔实。

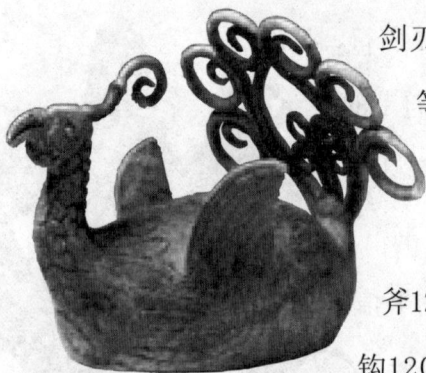

《虎韬》还论述了野战中的伏击、迂回、防御、追击、突围等各种战术原则，

也论述了攻城战中的包围、阻击援军、防止突围等各种战术原则，着重强调了攻城围邑要准备好临冲、云梯、飞楼等器材，行军时要准备武冲、大橹、强弩、天罗、武器行马等防卫器材，在江湖河沼作战时，要准备好飞桥、转关、浮海、绝江等渡河器材。此外，论述了斥候兵（侦察兵）在行军作战中的重要作用及运用斥候兵的原则。

（5）《豹韬》

《豹韬》内分《林战》、《突战》、《帮强》、《敌武》、《山兵》、《泽兵》、《少众》、《分险》等八篇，主要论述在森林、山地、江河、险隘等各种特殊的地形作战中的战术及其他应注意的问题。如林战之法是：战车居前，

骑兵为辅，"见便则战，不见便则止"，利用林中地形，疾攻敌人，"更战更息，各按其部"。　再如在依山傍水的险隘地形作战时，首先要抢占有利地形，用武冲大车掩护前、后军，配置强弩，结成四武冲阵，以冲车为前导，以大盾牌为防卫，材士强弩保护左右，步军分左、右、中三军齐进，轮番作战，轮番休息，可以击败强敌。

《豹韬》还讲述抗击敌军突袭和夜间袭击的作战原则。如果敌军突袭攻城，我军则事先在城外埋伏一军，在城上佯作守备，待敌大军攻至城下，我守、伏兵

齐发，前后夹击敌军，敌军必败；如果敌人乘夜攻击我左右，则应挑选我方材士强弩，以车、骑兵为左、右翼，迅速攻击敌人的前、后，既攻敌人阵外，又要攻入敌人阵内。

(6)《犬韬》

《犬韬》内分《分合》、《武锋》、《练士》、《教战》、《均兵》、《武车士》、《武骑士》、《战骑》、《战车》、《战步》等十篇，主要论述教练与编选士卒以及各种兵种如何配合作战，以发挥军队效能等问题，着重论述了车、骑、步三个兵种的特点、战力、编制和选拔车、骑战士

的标准等。它谈到三兵种的特点说："步贵知变动，车贵知地形，骑贵知别径奇道。"其中，"车者，军之羽翼也，所以陷坚陈（阵），要（邀击）强敌，遮走北（败军）也。骑者，军之伺侯也，所以蹑败军。绝粮道，击便寇也。"在平地作战，一骑可以敌步卒八人，一辆战车可敌步卒八十人，骑兵十人。在险阻地形作战，一骑可以敌步卒四人，一辆战车可敌步兵四十人，骑兵六人。战车适于在平原作战，而切忌在山地、丘陵、草泽、沟渠、毁塌积水、黏泥地带作战；骑兵适于配合步、车兵攻击敌先头部队，夹击敌两翼，长途奔袭，截断敌人粮道，而切忌陷入"天井"、"地穴"、大涧深谷、林木茂盛、沼泽或低湿泥泞等各种险阻地形。如果步兵与车、骑作战，那么，"必依丘陵险阻，长兵强弩居前，短兵弱弩居后，更发更止。敌之车骑虽众而至，坚阵疾战，材士强弩，以备我后"。

　　《犬韬》还强调了对士卒的因材施用与组织方法："军中有大勇敢死乐伤者，聚为一卒，名为冒刃之士；有锐气壮勇强暴者，聚为一卒，名曰陷陈（阵）之士；有奇表长剑、接武齐列者，聚为一卒，名曰勇锐之士；有披距伸钩、强梁多力、溃破金鼓、绝灭旌旗者，聚为一卒，名曰勇力之士；有逾高绝远、轻足善走者，聚为一卒，名曰寇兵之士；有王臣失势欲复见功者，聚为一卒，名曰死斗之士；有死将之人子弟欲与其将报仇者，聚为一卒，名曰敢死之士；有赘婿人虏欲掩迹扬名者，聚为一卒，名曰励钝之士；有贫穷愤怒欲快其志者，聚为一卒，名曰必死之士；有胥廉免罪之人欲逃其耻者，聚为一卒，名曰伟用之士；有材技兼人，能负重致远者，聚为一卒，名曰待命之士。"这样把士卒按一定的原则组织起来，就可以充分发挥他们的潜能，取得胜利。

（四）《尉缭子》

1.简介

《尉缭子》是战国中期论述军事、政治的一部著作，其作者尉缭，生平不详，战国梁惠王时期军事理论家。《尉缭子》现存最早的刊本为宋《武经七书》本，后世诸多丛书本大都源于此本。《汉书·艺文志》杂家收录了《尉缭子》二十九篇，唐朝初年的《群书治要》中节录了《尉缭子》四篇，今传世本共五卷二十四篇。1972年，山东临沂的银雀山一号汉墓出土的竹简，也有和《尉缭子》相符的竹简书六篇。从这几篇的情况来看，现在流传版本的文字有很多删节和讹误，篇名常和竹书不合，但基本上没有后人增加的内容。

《尉缭子》是一部具有重要军事学术价值和史料价值的兵书，所表述的军事思想，代表了战国时期我国军事思想发

展的一个主要的流派，也是当时山东各国变法图强、建立封建主义制度的政治思潮在军事上反映的产物。《尉缭子》广泛论述用兵取胜之道。天官、兵谈、制谈、武议、治本等篇，着重论述战争与政治、经济的关系等；战威、攻权、守权、战权等篇，主要论述攻守权谋和战法；将理、十二陵、重刑令、伍制令、分塞令、兵教、兵令等篇，着重论述治军原则、要求及各种军事律令。《尉缭子》反对军事上相信"天官时日、阴阳向背"的迷信观念，主张依靠人的智慧，强调政治、经济对军事的决定性作用，具有朴素的唯物主义的思想。

《尉缭子》杂取法、儒、墨、道诸家思想而论兵，涉及政治、军事、经济诸多方面，在先秦兵书中独具一格，后世兵家对其思想内容多有引述和阐发，唐魏征将其收进用

于经邦治国的《群书治要》之中，宋代被官定为武学经书，后世兵家多有引述。它很早就传到日本，日本研究《尉缭子》的著述约三十余种，朝鲜也有刊本。

2.军事思想

(1)以"仁义"为本的战争观

《尉缭子》反对用唯心主义的天命观指导战争，提出"天官时日，不若人事"的进步观点，将战争区分为"挟义而战"和"争私结怨"两大类，支持"诛暴乱，禁不义"的战争，反对"杀人之父兄，利人之货财，臣妾人之子女"的战争。其文云："凡兵不攻无过之城，不杀无罪之人。夫杀人之父兄，利人之财货，臣妾人之子女，此皆盗也。""兵者……不得已而用之。""王者伐暴乱，本仁义焉。" 所

以，《尉缭子》一再强调要以仁义为本：
"兵之所加，农不离其田业，贾不离其肆
宅，士大夫不离其官府，由其武议在于一
人，故兵不血刃，而天下亲焉。"要求
用兵不伤害经济发展和政治运行，
不以杀人为宗旨。《尉缭子》认
为战争有三种胜利：不战服人的
"道胜"，威慑屈人的"威胜"，
战场交锋的"力胜"，其中以"道胜"
为上，这与《孙子》"全国为上"的观点一
致，道胜即道义上占优势，这是"力胜"、
"威胜"的前提。这意味着只有正义之
师，才是不可战胜的，正如儒家所言"仁
者无敌"。

　　《尉缭子》主张"兵者，以武为植，
以文为种，武为表，文为里"，认为经济
是决定战争胜负的基础，"非五谷无以充
腹，非丝麻无以盖形"，因而注重耕战，
把发展农业作为治国之本；同时，不能忽
视商业对战争的重大影响，"市者，所以

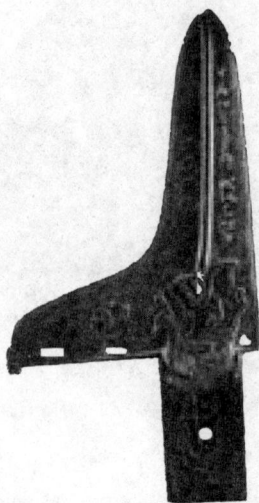

给战守也","夫提天下之节制,而无百货之官,无谓其能战也"。战争的胜利会促进国内政治和经济的发展,"战胜于外,福产于内",但"兵者凶器也,争者逆德也",所以要慎战,"见胜则兴,不见胜则止"。

(2)"举贤用能" 和"制必先定"的治军思想

《尉缭子》的治军思想很丰富,它重视将帅的政治品德和个人模范作用,主张"举贤用能"、"贵功养劳",要求将帅秉公执法,恩威并施,"为将忘家,逾垠忘亲,指敌忘身",为人表率。为此,应废除繁文缛节,"乞人之死不索尊,竭人之力不责礼";把"心狂" 、"耳聋"、"目盲"视为将帅修养的三大弊端。同时,重视部队的行政建设,认为军队必须首先建立严密的制度,"凡兵,制必先定","明制度于前, 重威刑于后",制定了较完备的战斗、内务、纪律条令,成为研究先秦军制史的重要资料。《尉缭子》强调严明赏罚，提出"杀一人而三军震者杀之，赏一人而万人喜者赏之；杀之贵大，赏之贵小"的思想。《尉缭子》主张重罚，将战败、投降、临阵逃脱的将士宣布为"国贼"、"军贼"，不仅处以"身戮家残"之刑，还要削户籍、挖祖坟、变卖家属做奴隶。《尉缭子》提倡的刑罚很严酷，认为"古之善用兵者，能杀卒之半，其次杀其十三，其下杀其十一。能杀其半者，威加海内；杀十三者，力加诸侯；杀十一者，令行士卒"，只有这样，军队才能做到"令如斧钺，制如干将，士卒不用命者，未之有也"。

《尉缭子》还制定了诸如联保、军队营区划分、警戒、禁令、战场赏罚规定及将士实施惩罚权限、战斗编组、信号指挥等各种条令，如《分塞令》，是营区划分条令，规定各军分塞防守区域及往

来通行原则;《经卒令》,是战斗编队条令,规定各军特有的军旗标志、士卒的行列单位及不同的行队单位佩戴不同徽章等;《勒卒令》,是统一军中指挥号令金鼓旗铃的条令,规定了金、鼓、旗、铃等指挥工具的作用和用法。同时,强调法制必须与教化相结合,明确提出兵教的目的是"开封疆,守社稷,除患害,成武德",讲究训练方法,"先礼信而后爵禄,先廉耻而后刑罚,先亲爱而后律其身",要求"审开塞,守一道",恩威兼施,以达到"治"的目的。

(3) 先发制人等作战指导思想

《尉缭子》注重战前思想、物质和组织的准备,要求在战略决策、选用将领、进攻理论等方面胜过敌人,主张"权敌审将而后用兵","凡兴师,必审内外之权,以计其去,兵有备阙,粮食有余不足,校所出入之路,然后兴师伐乱,必能入之";主张出其不意,先发制人,"权先加

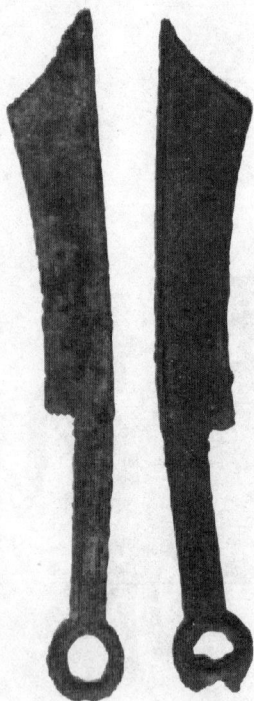

人者，敌不力交；武先加人者，敌无威接，故兵贵先”，“兵贵先，胜于此，则胜于彼矣；弗胜于此，则弗胜彼矣”；注重奇正的灵活运用，认为“故正兵贵先，奇兵贵后，或先或后，制敌者也”；主张集中优势兵力，待机而动，认为“专一则胜，离散则败”；主张攻城要有必胜把握，“战不必胜，不可言战；攻不必拔，不可以言攻”，根据不同情况采取不同方略，如“地大而城小者，必先收其地；城大而地窄者，必先攻其城；地广而人寡者，则绝其厄”；防守时，要守不失险，做到“池深而广，城坚而厚”，同时，守军和援军要内外相应，守与攻相结合。

（4）军事辩证法思想

《尉缭子》继承《孙子兵法》、《吴子》有关军事思想，具有朴素的唯物和辩证思想，如注重从事物的联系中研究战争，强调认识和运用战争运动的规律，对强弱、攻守、有无、专散、文武等诸矛盾的

对立与转化有较深刻的认识。此外,强调发挥人的主观能动性,认为求神鬼不如重"人事",反对"考孤虚,占咸池,合龟兆,视吉凶,观星辰风云之变"的迷信做法,提出"往世不可及,来世不可待,求己者也"的观点。

(五)《孙膑兵法》

1.简介

《孙膑兵法》为孙膑所作,古称《齐孙子》,是中国古代的著名兵书,也是《孙子兵法》后兵家学派的又一力作。《汉书·艺文志》称"《齐孙子》八十九篇,图四卷",把它与《吴孙子兵法》并列,但自《隋书·经籍志》始,便不见于历代著录,大约因为在东汉末年便已失传。1972年2月,山东临沂银雀山一号汉墓出土了竹简本的《孙膑兵法》,这使失传已久的古书得以重见天日。竹简本《孙膑兵法》经过认真整理,分为上、

下两编，上编可以确定属于《齐孙子》的十五篇，包括《擒庞涓》、《见威王》、《威王问》和《陈忌问垒》等，当属原著无疑，系在孙膑著述和言论的基础上经弟子辑录、整理而成；下编虽与上篇内容相类，但存在着编撰体例上的不同，还不能确定属于《齐孙子》的论兵之作。《孙膑兵法》与《孙子兵法》有着不可分割的内在联系，所以自古以来人们即把两"孙子"并称，说二者是一家之言的"孙氏之道"。《孙膑兵法》具有不可忽视的重要价值，它是战国时期一部不可多得的重要军事理论著作。

　　《孙膑兵法》总结了战国中期以前的大量战争实践，从基本理论到战术原则，都进一步继承和发展了《孙子兵法》。《孙膑兵法》在战争观、军队建设和作战指导诸方面都提出了若干有价值的观点和原则，特别强调"内得民心，外知敌情"是取得战争胜利的重要条件；

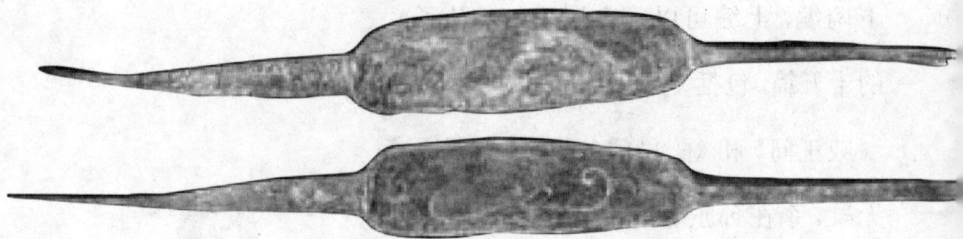

把"道"看作战争客观规律，强调必须遵循战争本身固有的客观规律去指导战争；提出了以寡胜众、以弱胜强的战法，主张以进攻为主的战略；在战略战术上贵"势"，即依据一定条件占据主动和优势；认为只有覆军杀将方为全胜，开创歼灭战的理论；提出对部队实施严格的政治教育、队列训练、行军训练、阵法训练、战法训练，成为先秦时期最完整系统的军队教育训练理论；对野战中车垒的运用、阵法的研究和将领的必备条件等均有阐述。这些都受到中外学者的赞赏和重视。

2.军事思想

《孙膑兵法》在军事理论方面有很

高的成就，它继承《孙子》、《吴子》等兵
家思想并有新的发展，包含有丰富的军
事思想

（1）战胜而强立的战争观

在战略思想上，孙膑明确提出用战
争解决国家间问题的主张，认为用"积
仁义、式礼乐，重衣裳，以禁争夺"是不
可能解决争端的，只有"举兵绳之"，"战
胜而强立"，才能达到国家统一。但反对
"乐兵"好战，认为喜好战争的国家一定
灭亡，贪图胜利的人一定受辱，即"乐兵
者亡，而利胜者辱。兵非所乐也，而胜非
所利也。"同时，他又强调对战争应持慎
重态度，"战胜，则所以在亡国而继绝世
也。战不胜，则所以削地而危社稷也。是

故兵者不可不察"。因此，他特别重视要
"事备而后动"，主张"有委"，进行有准
备、顺民心的战争；要"有义"，进行战争
一定要合于"义"，"战而无义，天下无能
固且强者"。

（2） 选贤取良和赏罚严明的治军思
想

在军队建设上，认为"间于天地之
间，莫贵于人"，要对士卒进行系统的教
育训练，包括处国之教、行军之教、处军
之教、处阵之教、利战之教等多方面的内

容，从而提高人的素质，达到强兵的效果。同时，重视将帅的选拔，提出要"选贤取良"，最高标准是要"知道"，即要掌握战争和战争指导规律，"知道者，上知天之道，下知地之理，内得其民之心，外知敌之情，阵则知八阵之经，见胜而战，弗见而诤"。也就是说，"道"的内容包括天时、地利、民心、士气、敌情、战法、战机等多方面内容，将帅掌握了"道"便能够赢得战争的胜利。此外，将帅不能有以下致"败"的缺点："不能而自能"、"骄"、"贪于位"、"贪于财"、"轻"（轻率）、"迟"（不速）、"寡决"、"缓"（不严）、"怠"、"贼"（残暴）、"自私"、"自乱"等。在治军方法上，孙膑强调要因势利导，赏罚分明，指出："赏者，所以喜众，令士忘死也。罚者，所以正乱，令民畏上也。""不信于赏，百姓弗德，不敢去不善，百姓弗畏。"要做到赏罚公平，一视同仁，民就能听其令，而其令也能顺利地贯彻执行。

（3）"以寡击众，以弱胜强"的战术思想

在战术原则上，孙膑首先认为应充

分创造条件，变弱为强，以寡胜众。通过总结以往小国打败大国，弱军战胜强军的历史经验，认为要以弱胜强，就要"让威"，避开敌人锋芒，故意向敌人示弱，"以骄其意，以惰其情"，而后集中兵力打击敌人。同时，应始终掌握战争的主动权，创造有利的作战态势，即把握有利战机，利用一切可能的条件，创造有利于我、不利于敌的态势，以争取战争的胜利。"善战者，见敌之所长，则知其所短；见敌之所不足，则知其所有余"，如果饱食以待敌饥，安处以待敌劳，处静以待敌

动等，使敌人"卷甲趋远，倍道兼行，倦病而不得息，饥渴而不得食"，"分离而不相救"，"受敌而不相知"，就会以己之长，抑敌之短，出奇制胜。

（4）提倡坚持积极进攻的战略原则

孙膑主张打进攻战，在《威王问》中说："必攻不守，兵之急者也"，主张打击敌人没有设防或防守薄弱的要害之处，其实质就是运用大规模机动野战的作战方式，争取主动、避免被动，以扩大胜利的战果，最后全面地击垮敌人。在进攻敌人防守薄弱之处时，要攻势猛烈，穷追猛打，不给敌人以喘息之机，要"使敌四路必穷，五动必忧，进则傅于前，退则绝于后，左右则陷于阻，默然而处，军不免于患"。进攻敌人应该讲究策略，必先夺取敌人的要害物资和占领战略重地，即"一曰取粮，二曰取水，三曰取津，四曰取涂（途），五曰取险，六曰取易，七曰取隘，八曰取高，九曰取其所读（独）贵。凡九夺，所以趋敌也"。

(5)运用阵法攻守

根据当时战争发展的情况，《孙膑兵法》对阵法的种类、用途及其应当注意的要领，作了详细的系统的总结。依孙膑的论述："凡阵有十：有方阵，有圆阵，有疏阵，有数（密）阵，有锥行（前尖如锥）之阵，有雁行（展开如雁飞）之阵，有钩行（两翼如钩）之阵，有玄襄（玄虚多旗）之阵，有火阵，有水阵。"各种阵布法和打法不同，用途也不同，如方阵，用来截击敌人；疏阵用来虚张声势，迷惑敌人；雁行阵，适合摆在蜿蜒曲折而多荆棘的路上；锥行之阵，适于火烧敌人的辎重粮草及接应的战车，等等。而战争的各种场合，应该运用什么阵法来对付，其变化也应该是灵活的。

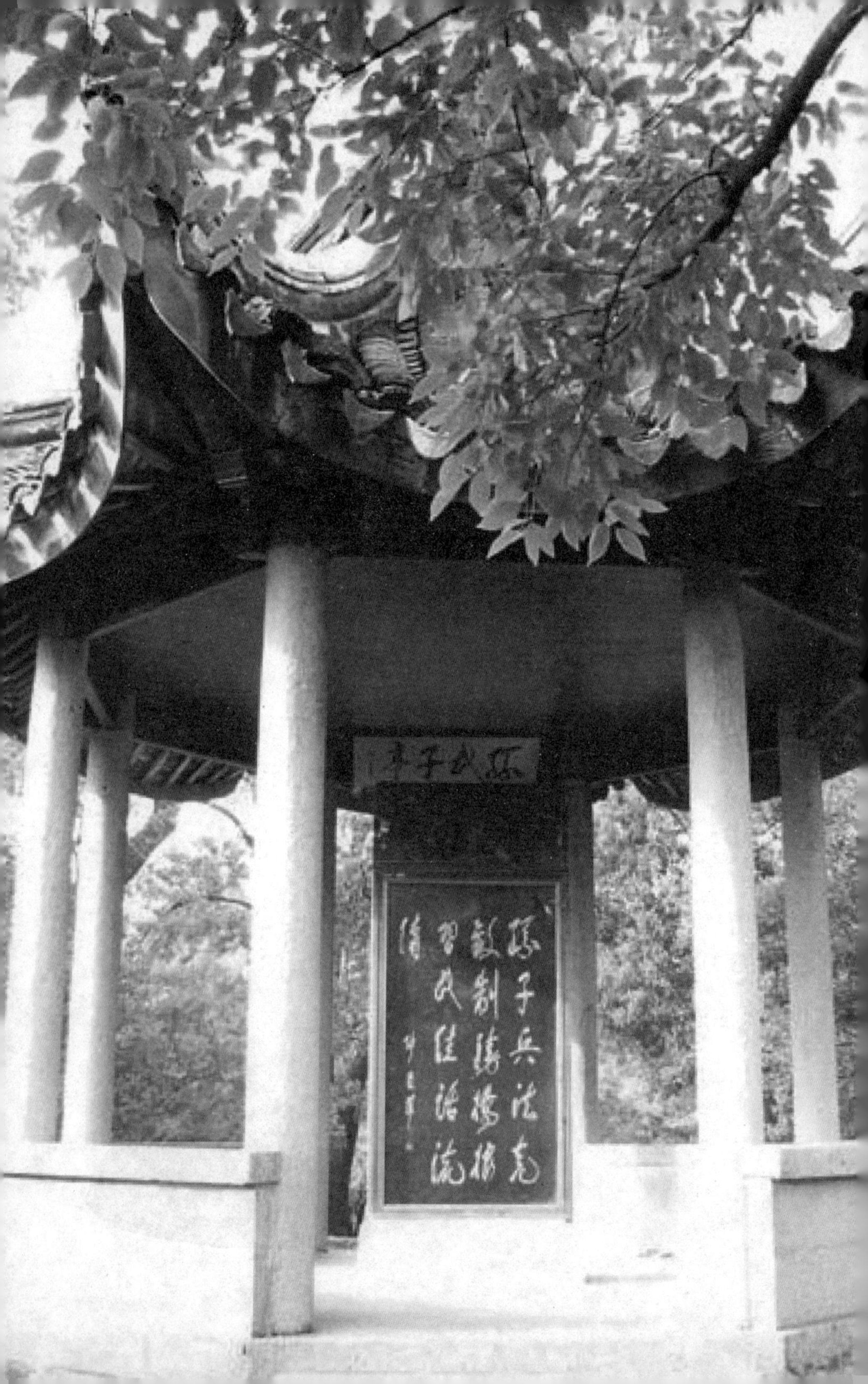
孫武子亭

四、《孙子兵法》

（一）简介

《孙子兵法》又称《孙武兵法》、《吴孙子兵法》、《孙子兵书》、《孙武兵书》等，为春秋末年的齐国人孙武所作。《孙子兵法》十三篇，约六千字，是对上古以来，特别是春秋时期频繁、激烈、多样的战争经验的总结和升华，是对已有的兵学理论成果的继承和发展，是春秋时期先进的社会思想交汇的产物，是尚武崇

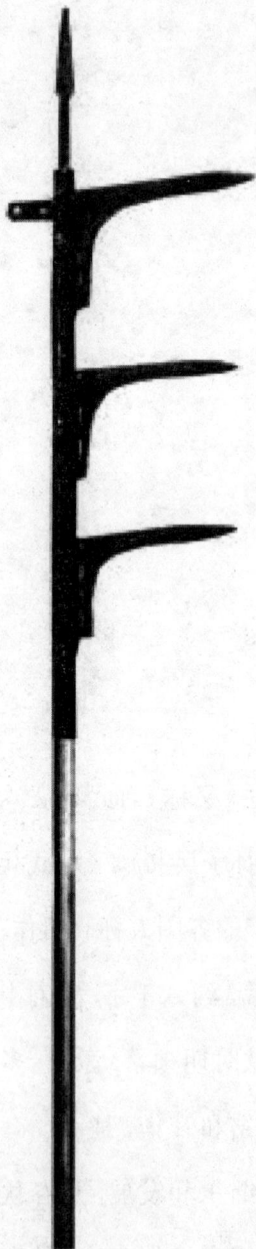

智的齐文化孕育的奇葩，同时也是孙武个人天才和勤奋的结晶。其内容博大精深，思想精邃富赡，逻辑缜密严谨，是中国历史上最早的一部经典性的军事学著作，学者们称其是古代东方兵学智慧的结晶，与《战争论》（克劳塞维茨著）、《五轮书》（宫本武藏著）并称为世界三大兵书。

一般认为，《孙子兵法》成书于专诸刺吴王僚之后至阖闾三年孙武见吴王之间，也即公元前515年至公元前512年。全书分为十三篇，是孙武初次见面赠送给吴王的见面礼，事见司马迁《史记》："孙子武者，齐人也，以兵法见吴王阖闾。阖闾曰：子之十三篇吾尽观之矣。"目前认为《孙子兵法》是由孙武草创，后来经其弟子整理成书。《孙子兵法》历代都有著录，1972年4月山东省临沂县银雀山汉墓出土的竹书《孙子兵法》为迄今最早的传世本，可惜为残简，不能窥其全貌。现存重要的版本为曹操《魏武帝注孙子》本（又称孙子略解）、宋《武经七书》本、宋《十一家注孙子》本、日本樱田本《古文孙子》等。其中，刊刻最多、流传最广的是《武经七书》本，其次为《十一家注孙子》本，二者构成传世《孙子》书的两大版本体系。

　　《孙子兵法》内容包罗万象、博大精深，涉及到战争规律、哲理、谋略、政治、经济、外交、天文、地理等方面内容。作为我国古代流传下来的最早、最完整、最著名的军事著作，它在中国军事史上占有重要的地位，其军事思想对中国历代军事家、政治家、思想家产生过非常深远的影响，已被译成日、英、法、德、俄等十几种文字，在世界各地广为流传，享有"兵学圣典"的美誉。此外，《孙子兵法》不仅是一部军事著作，还具有朴素唯物主义的认识方法和辩证思想，它的深刻与博大、和谐与完美，不亚于孔子所建立的儒

学和老子所建立的道家学说。在非军事领域也被广泛应用，其中智慧，真可谓是"无穷如天地，不竭如江河"。

（二）内容

1.《计篇》

《计篇》主要论述军事与政治的关系，战略运筹学和用兵谋略等，可以看成是十三篇的总纲。孙武认为，"兵者，国之大事，死生之地，存亡之道，不可不察也"，从政治的角度来认识军事的重要

性。在开战之前，必须对敌我双方的基本条件作周密的研究和比较，认真地实行谋划，以便制订正确的作战计划。孙武指出决定战争胜负的"五事"和"七计"，认为谁占优势谁就将获得战争的胜利。

"五事"为道（道义）、天（天时）、地（地利）、将（将帅）、法（法则）；"七计"是"主孰有道，将孰有能，天地孰得，法令孰行，兵众孰强，士卒孰练，赏罚孰明"。在战争进行过程中，坚持"因利而制权"的战术原则，善于利用客观条件采取灵活策略，造成战场上有利于我的态势，做到"攻其不备，出其不意"地打击敌人。

2.《作战篇》

《作战篇》论述速战速胜的重要性，指出一切战争均以经济为后盾，兴"十万之师"要"日费千金"。所以，战略进攻战的重要原则是"兵益胜，不益久"，主张

速战速决，反对旷日持久战。而做到这一点，要在敌国就地解决粮草，用财物厚赏士兵，同时优待俘虏，用缴获来补充壮大自己。

3.《谋攻篇》

《谋攻篇》论述政治战、外交战和军事战略的计谋。孙武主张用"伐谋"、"伐交"、"伐兵"，即主张通过政治攻势、外交手段和武装力量来征服敌人，而政治战和外交战又优于单纯军事进攻，指出"百战百胜，非善之善者，不战而屈人之兵，善之善者"。在运用军事谋略时，孙武提出要集中优势兵力攻击敌人，做到"十则围之，五则攻之，倍则分之，敌则能战之"，而如果兵力少于或弱于敌人，就要摆脱敌人，转为退却或防御。孙武认为谋略必须建立在了解敌我双方情况的基础上，提出了著名的战略战术原则："知彼知己，百战不殆；不知彼而知己，一胜一负；不知彼，不知己，每战必殆。"

4.《形篇》

《形篇》主要论述攻敌之前如何做
好战略防御，以"立于不败之地"。孙武
认为，战争的胜负除决定于兵员、武器、
装备、营垒、要害等要素之外，还要等待
敌人可以被我战胜的有利时机，善于抓住
敌人的弱点，从而轻而易举地战胜敌人。
孙武认为，要在作战中取胜，必须善于对
待攻和守的问题。兵力不足就防守，兵力
有余就进攻。善战者要 "先为不可胜"，
要求首先做好战略防御，再而 "以待敌
之可胜"，伺机而动，这样才能达到"能自
保而全胜"。

5.《势篇》

《势篇》论述在战略进攻中造成
对敌的必胜之势，并善加利用。《势篇》
提出四对范畴："分数"，指部队
人数；"形名"，指阵形与指挥
系统；"奇正"，指运用常规与
非常规的战略战术；"虚实"，指避实

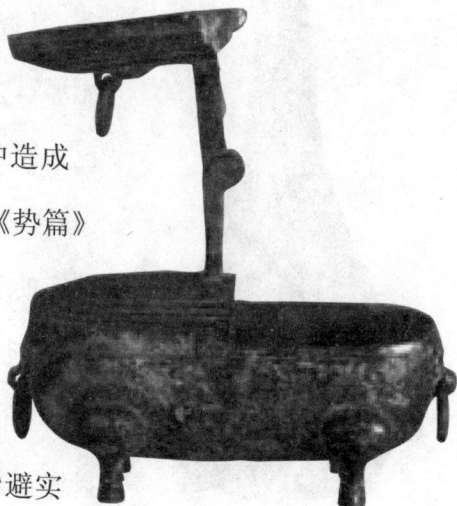

就虚，选择攻击敌人的弱点。其中，着重阐述运用"奇正"的策略，"正"是正面交战，是常规战；"奇"是以非常手段，攻敌不备，出奇制胜，提出了"以正合，以奇胜"的著名战术原则，指出"战势不过奇正，奇正之变，不可胜穷也。奇正相生，如循环之无端"。

6.《虚实篇》

《虚实篇》论述用兵作战须采用"避实而击虚"的战略战术原则。要做到避实击虚，首先要"致人而不致于人"，调动敌人、牵着敌人鼻子走，而不被敌人所左右，掌握战争主动权。其次要"形人而我无形"，掌握和了解敌人的情况，做到"知己知彼"，而使敌人不了解我方情况。第三，要出其不意，攻其不备，并设法分散敌人的兵力，打击敌人兵力空虚之处。此外，兵形如水，兵无常势，水无常形，要随着形势的变化而变化，"能因敌变化而取胜者谓之神"。

7.《军争篇》

《军争篇》论述后发先至、制敌先机的制敌策略。孙武认为，行军战斗首先必须了解各诸侯国的政治动向，必须熟悉地形，必须使用向导，做到情况明了。其次，必须行动统一，步调一致，做到战机来临，动如狂风；战机未至，静如森林；攻敌时，如烈火燎原；防御时，如山岳不动；隐蔽起来，如阴云蔽日；动作起来，如雷霆万钧。第三，要求指挥正确，机动灵活，"避其锐气，击其惰归"。第四，先知化迂回为直进之计，即可战无不胜。用兵还有八戒，即："高陵勿向；背丘勿逆；佯北勿从；锐卒勿攻；饵兵勿食；归师勿遏；围师必阙；穷寇勿迫。"做到以上几点，才能在战争中处于有利之势。

8.《九变篇》

《九变篇》论述临机制敌，趋利避害之策略，并对将帅提出了

要求。所谓"九变"，就是多变、善变。孙武强调，将帅要善于抓住战争的规律和特点，以变应变，去夺取战争的胜利，考虑问题时要兼顾有利和有害两方面。在有利的情况下要想到不利的因素，在不利的情况下要想到有利的因素。同时，要根据不同的斗争目标调整斗争手段，克服偏激的性情，全面、慎重、冷静地考虑问题。只有"通于九变之利"，这样才说得上是"知兵"，才可以"屈诸侯以害，役诸侯以业，趋诸侯以利"。

此外，孙武认为，将帅要从实际出发处置问题，享有军事自主权，大胆地提出了"君命有所不受"的军事命题。

9.《行军篇》

《行军篇》论述行军宿营的各种行动原则、迎敌措施和侦察判断之术。首先指出军队在山地、江河、盐碱沼泽地、平原等四种地形上的不同行军、迎敌措施，论述了军队遇到绝涧、天井、天牢、天

罗、天陷、天隙等特殊地形的处置办法，
指出不论何种地形条件下，选择营地都要
贵"高"、贵"阳"、贵"养生"。孙武还提
出了31种观察、判断敌情的方法，即通过
敌方的营垒、敌方行动征候、敌方使者、
敌方布阵、敌方士兵的表现、敌方营地、
敌方将领、敌方全军的表现等方面判断
敌方情况，加以分析，从而制订出正确的
作战方案，获得胜利。

10.《地形篇》

《地形篇》分析各种地形的优劣利
弊，论述用兵作战怎样利用地形的问题。
孙武分析了"通"、"挂"、"支"、"隘"、
"险"、"远"等六类战地的特点和士兵
处在这些地区的心理状态，相应地提
出了在这些地区用兵的不同措施。如，
"通"是敌我双方往来方便者，"挂"是
易往难返者，"支"是敌我双方出入皆不
利者；"隘"是两山相对的通谷，相对应的
作战方法则为：在"通"形上，要抢先占

据高坡，控制交通要道；在"挂"形上，要乘敌不备，出奇兵制胜；在"支"形上，要诱敌来战；在"隘"形上，要抢先占据谷口，严阵以待，如敌已先占，重兵防守则不攻，兵力不多则迅速攻克。《地形篇》还归纳了六种常见的战败情况："走"，即攻击十倍于我之敌；"弛"，即士兵强悍将吏懦弱；"陷"，即士兵懦弱，将吏强悍；"崩"，即将吏怨怒，不服从指挥，遇敌擅自出战，将领又不了解他们的才能；"乱"，即将领软弱无威，教令不明，士卒无常法可依，布阵混乱；"北"，即将领不能正确判断敌情，以少击众，以弱击强，军中又无精锐做中坚。孙武认为，导致战败的原因，不是地形，不是客观条件不利，而是将帅军事才能的大小。

11.《九地篇》

论述如何利用九种地形以取胜的问题及深入敌境后的用兵策略。孙武说："地形者，兵之助也。"战地地形的利害，与战争胜败关系极为重大，将帅要巧于利用，发挥地形对战争的辅助作用。《地形篇》列举散地、轻地、争地、交地、衢地、重地、圮地、围地、死地，九种地形，并指出在九种地形上作战的战略和战术。如散地，是说在本国作战，距家乡近，士卒易散；轻地是深入敌方国境不远；争地是敌我双方必争的战略要地；交地是交通方便之地；重地是深入敌国之地。作战原则相应为：在散地，宜固守或将战场引入敌境；在轻地，应迅速前进，乘锐破敌；在争地，宜抢先攻取，若敌已先占，则诱敌出战而相机夺取；在交地，要各军互相连接，防止被敌阻绝；在重地，要夺取并保障后勤补给，等等。不论在哪种地形条件下，都要争取主动，先发制人，"乘人之不及，攻其所不戒"。此外，孙武还谈到建立一支王霸之兵的治军理想和严守军事秘密的保密思想。

12.《火攻篇》

《火攻篇》论述火攻的办法、条件和原则等问题。孙武认为，火攻有五种形式："火人"，焚烧敌军的营寨、人马；"火积"，焚烧敌军的粮草积蓄；"火辎"，焚烧敌军辎重；"火库"，焚烧敌军的军需库房；"火队"，焚烧敌人的行军队伍。这五种火攻方法必须变化运用，我军可以掌握，敌军也可以掌握，应该注意防备。火攻要有人员、物资准备，要选好气候条件，实施火攻还必须和士兵的进攻互相配合，这样才能发挥火攻的作用，达到夺取胜利的目的。然而，战争是残酷的，"亡国不可以复存，死者不可以复生"，所以明主应慎战，要做到："非利不动，非得不用，非危不战，主不可以怒而兴师，将不可以愠而致战。"

13.《间篇》

论述间谍的意义、种类和使用方法。孙武十分重视间谍的作用，认为它是作战取胜的一个关键，要做到"知彼"，就要用间。孙武把间谍分为五种：因间，即利用和收买敌方境内的普通间谍；内间，收买敌方官吏而形成的间谍；反间，利用敌方间谍为我效力；死间，是了解我方虚假情报后潜入敌境，又为敌人发现和捕获，供出假情报而被敌人斩杀的间谍；生间，是我方派到敌国收集情报后可以回来报告的间谍。在"五间"当中，反间最为重要，待遇也最优厚。

（三）军事思想

《孙子兵法》十三篇，运用"舍事而言理"的叙述方法，把用兵中的各个方面、各个枢纽，陈述得精密而周全，构筑了一个精美恢弘的兵学体系，饱含丰富的军事理论和军事思想，影响了后世兵学发展的方向，在传统兵学中占有十分重要的地位。

1. "安国全军"的慎战思想

《孙子兵法》首篇《计篇》便开宗明义地指出："兵者，国之大事也。死生之地，存亡之道，不可不察也。"这段关于战争的精辟概括，是孙武军事思想的基本出发点。孙子指出："亡国不可以复存，死者不可以复生。故明君慎之，良将警之。此安国全军之道也。"国家灭亡了就不能再存在，人死了就不能再活，所以，对待战争问题，明智的国君一定要慎重，不要轻启战端。为此，孙武主张"非利不动，非得不用，非危不战"，但"用兵之法，无恃其不来，恃吾有以待也；无恃其不攻，恃吾有所不可攻也"，所以要积极备战，严阵以待，使敌人不敢轻易向我发动进攻。战争指导者战前要认真比较敌我双方各方面的情况，做到"未战而庙算胜"；要不惜重金使用间谍，以充分掌握敌情；要积极备战，"无恃其不来，恃吾有以待之"；要创造有利的战场态势，"先为不可胜，以待敌之可胜"，等等。正是出于慎战的考虑，孙子告诫："主不可怒而兴师，将不可愠而致战。"

2."兵贵胜，不贵久"的战争指导思想

孙武认为，兵事与经济关系密切，兵事要以充足的物质保障为基本条件。"地生度，度生量，量生数，数生称，称生胜"，即土地大小决定物产多少，决定士卒数量，决定实力对比，决定胜利的可能性。孙武指出，出动十万军队作战，就需要"驰车千驷，革车千乘"，加上粮饷、武器等各种费用，"凡兴师十万，出征千里，百姓之费，公家之奉，日费千金。内外骚动，怠于道路，不得操事者，七十万家"。如此大的消耗，需要强大的物质保障，否则"国之贫于师者远输，远输则百姓贫。……力屈财殚，中原内虚于家。百姓之费，十去其七；公家之费，十去其六"。所以"兵贵胜，不贵久"，进行战争应力求速战速决。孙武还

认为，欲取得战争的胜利，必须重视政治因素在战争中的作用。"道者，令民与上同意者也，故可与之死，可与之生，而不畏危也"，也就是说，国家大政要在使民众与国君的意愿相一致，上下同心同德，这样在战争中民众就可以为国君去死，而不怕危险。

3.令文齐武的治军思想

孙武认为"士卒孰练"、"兵众孰强"是决定战争胜负的两个基本因素，

提出在军队建设上要"令之以文，齐之以武"，既要"视卒如婴儿"、"视卒如爱子"，又要"施无法之赏，悬无政之令"，文武并用，恩威并施，不可偏废。孙武治军理论的核心是"令之以文，齐之以式"。对于军队，孙武要求做到"与上同意"、"上下同欲"、"与众相得"、"齐勇若一"等，认为唯其如此，才能维持军队内部的团结和步调一致。他还十分重视将帅的选拔和任用，认为"将者，国之辅也"，将帅是"生民之司命"，是国家"安危之主也"，一个"知兵之将"，必须"智信仁勇严"五德皆备，还要"知天知地"、"通于九变"，在品德上要"进不求名，退不避罪"。他还特别指出将有五危:"必死,可杀也;必生,可虏也;忿速,可侮也;廉洁,可辱也;爱民,可烦也。"必须避免。

4."不战而屈人之兵"的全胜思想

在战略上,孙武主张以最小的代价换取最大的胜利,并在此基础上提出了"不战而屈人之兵"的全胜战略思想,提出"故百战百胜,非善之善者也;不战而屈人之兵,善之善者也",也就是说,百战百胜,并不是好中最好的,不战而使敌人屈服才是好中最好的。究其实质,就是以军事实力为后盾,通过"伐谋"、"伐交"等一系列非军事手段使敌人屈服。孙武认为,善用兵的人,使敌人屈服不用直接交战,一定要用全胜的计谋争胜于天下,即"善用兵者,屈人之兵而非战也,拔人之城而非攻也,毁人之国而非久也,必以全争于天下"。这种全胜战略思想,构成中国传统战略文化的重要

内容，成为后世用兵者孜孜以求的理想境界。

5."知彼知己，百战不殆"的战胜规律

孙武认为："知彼知己，百战不殆；不知彼而知己，一胜一负；不知彼，不知己，每战必殆。"他指出，只有知彼知己，在战争中才不会有危险。做到"知彼知己"，首先要预知胜利的方法，即"知胜有五：知可以战与不可以战者胜，识众寡之用者胜，上下同欲者胜，以虞待不虞者胜，将能而君不御者胜，此五者，知胜之道也"。

其次，要知彼，主要靠用间来做到，用间为"兵之要，三军之所恃而动也"，即知彼是军队行动的依靠。而"先知者，不可取于鬼神，不可象于事，不可验于度，必取于人，知敌之情者也"，即要事先了解敌情，不可用迷信鬼神去取得，不可用过去相似的事情作类比，也不可用观察日月星辰运行位置去占卜，一定要从了解敌情的人那里去获得。做到知己知彼，就可以"先胜而后求战"。

6.重谋尚诈的谋略思想

（1）庙算制胜

孙武强调胜败取决于"庙算之多少"，指出"夫未战而庙算胜者，得算多也；未战而庙算不胜者，得算少也。多算胜，少算不胜，而况无算乎？吾以此观之，胜败见矣"。庙

算就是要在战前详细测估各种主客观条件，多方面比较分析敌我双方的优势与劣势，具体要做到"五事"（道、天、地、将、法）、"七计"（主孰有道？将孰有能？天地孰得？法令孰行？兵众孰强？士卒孰练？赏罚孰明？），开战前计算得高明即"算无遗策"就战之必胜，计算得不高明（或估计错误，或顾此失彼）就战之必败。

（2）避实击虚

孙武以虚实理论为作战原则，并以发展的观点来看待虚实。虚实的含义广泛，包括构成战斗力的各种因素，如兵力的优劣、众寡、强弱、分合；部队的劳逸、饥饱、治乱；部署的严松、坚瑕；

士气的高低；心理的勇怯；处境的安危、险易、利害，等等。孙武指出，"出其所不趋，趋其所不意。行千里而不劳者，行于无人之地也。攻而必取者，攻其所不守也"，"兵形象水，水之形避高而趋下，兵之形避实而击虚"。他认为，将领要正确运用谋略，巧妙地调动敌人，造成决战战场上我实敌虚的态势，从而达到以实击虚、胜于易胜的目的。

(3) 诡道制胜

孙武认为"兵者，诡道也"，用兵打仗应以诡诈为原则。用兵打仗本身就是一种诡诈行动，它的使用范围涉及到了战争的全部实施过程。战前要用欺骗的方法迷惑敌人，达到实施己方作战计划的目的。对此，孙武提出"诡道十二法"。他说："故能而示之下能，用而示之不用，近而示之远，远而示之近。利而诱之，乱而职之，实而备之，强而避之，怒而挠之，卑而骄之，佚而劳之，亲而离之。"诡道

的应用，在于通过隐蔽自己真正的企图来造成敌方的错觉和失误，我方却能够顺利地实施战略战术部署和用兵计划。对此孙武总结道："攻其不备，出其不意。此兵家之胜，不可先传也。"

（四）地位和影响

《孙子兵法》是我国也是世界上迄今为止保存最早、最完整的一部军事学专著，自问世以来，一直受到全世界的关注。《孙子兵法》寓意精邃、论理精微，是中国古典军事文化遗产中的璀璨瑰宝，是中国优秀文化传统的重要组成部分。该书自问世以来，对中国古代军事学术的发展产生了巨大而深远的影响，被人们尊奉为"兵经"、"百世谈兵之祖"，历代兵学家、军事家无不从中汲

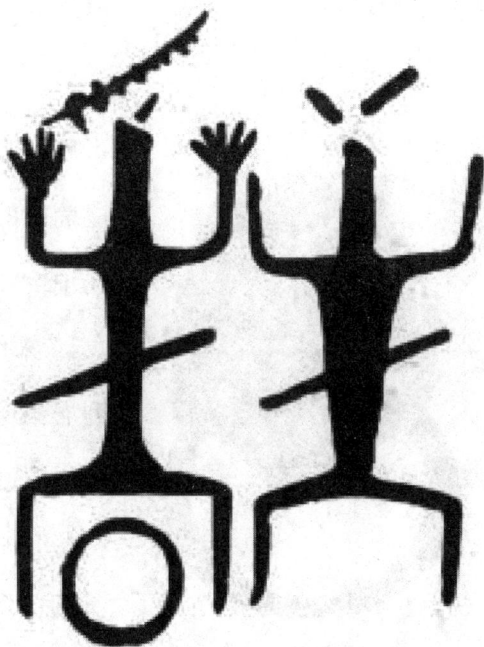

取养料，用于指导战争实践和发展军事理论。三国时著名的政治家、军事家曹操亲自整理前人对《孙子兵法》的研究，作成简明的"略解"，在《孙子序》中他赞扬说："吾观兵书战策多矣，孙武所著深矣。"宋代《武经七书》中，《孙子兵法》列居第一，充分说明了它兵学经典的地位。明代的茅元仪在其编撰的《武备志》中高度评价："前《孙子》者，《孙子》不遗；后《孙子》者，不能遗《孙子》。"

《孙子兵法》不仅是中国的谋略宝库，在世界上也久负盛名。早在唐代，《孙子兵法》便传入日本，后又相继传入朝鲜、越南等国，并出现了不少注疏之作。1772年，法文版《孙子兵法》在巴黎出版，开始了在西方的传播。时至今日，《孙子兵法》一书已以近30种文字在世界范围内广泛流传。近现代的战争使用许多新式武器，与古代战争的条件大不相同，但《孙子兵法》所论述的战争的基本原理和原则都没有因战争条件的改变而改变，仍然受到军事家们的普遍推崇。除了在军事领域有着深远的影响外，《孙子兵法》中的很多思想、原则已被广泛地运用于政治、经济、体育竞赛等诸多领域，尤其在企业经营管理中得到了广泛的运用，美国哈佛大学商学院和日本的许多大公司都把《孙子》作为培训企业经理人员和中层以上管理人员的必读教材。美国管理学家乔治在《管理思想史》中说："你若想成为管理人才，必须读《孙子兵法》。"在现代社会中，《孙子兵法》仍然熠熠生辉，闪耀着迷人的光彩。

五、兵家思想的影响

春秋战国时期的兵家学说不仅是我国军事思想的宝库，也是民族智慧的结晶，是几千年华夏文化的积淀，对此后的中国影响深远。兵家学说揭示出的人类战争活动的客观规律和基本原则，具有经久不衰的魅力和光芒，以其深刻的思想产生了广泛而深远的影响。

兵家的思想主要通过《孙子兵法》一书对西方产生了巨大影响，引起西方许

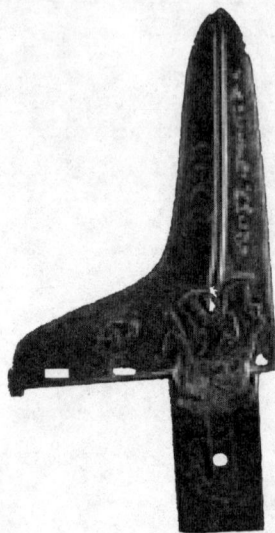

多国家政治家、军事家的浓厚兴趣，遍及诸如拿破仑等军事统帅。二战时期的英雄、英国元帅蒙哥马利和美国总统尼克松从不讳言他们从孙子的教诲中得到启示，美国西点军校更将《孙子兵法》列为指定科目。21世纪，现代战争进入了以信息化战争为主导的时代。与冷兵器时代相比，信息化战争在战争形态上确实发生了巨大的变化，但兵家提出的"先为不可胜"的战争准备原则、"知彼知己"的战争认识原则、"奇正相生"的战术变化原则仍然是必须遵循的基本准则。而信息化战争对军事谋略的重视，更可以从兵家的教诲中汲取养分，美国信息学院院长海因斯将军坦率地指出："如果说我们为什么要加强数字化部队建设的话，我们只能说，我们是遵循了孙子'知彼知己，百战不殆'这一经典名言。"

在处理国际关系时，兵家关于控制战争，力求避免战争的思想更具有借鉴

意义。先秦兵家不仅创造了不朽的用兵
艺术，更高举"义战"、"慎战"的旗帜，
反对穷兵黩武。"道"为首的制胜思想在
现代多极化战略格局中更有指导意义，
"不战而屈人之兵"的战略追求仍是现
代战略运筹的最佳选择，"伐交"思想是
创造良好战略环境的重要手段，这些战
争法则必须服从社会道义法则的思想，
闪耀着人道主义的光辉，在现代国际生
活中值得高扬。

在现代社会，兵家思想的影响不仅
仅局限于军事、政治领域，还已被现代
人广泛地应用于经济、商业、管理、体育
竞技、谈判谋略、家庭生活和医疗等各
个领域，特别在企业管理中，许多经济
理论学者和企
业家对兵家思
想予以格外的
关注。《孙子兵
法》、《司马穰

苴兵法》、《吴起兵法》、《孙膑兵法》等很多关于战争的论述可以运用在企业管理中。日本"兵法经营学派"的创始人大桥武夫，运用自己熟悉的《孙子兵法》为商业活动提供指导，积累了许多心得，后来专门写下了《用兵法经营》等一系列著作，还创办了"兵法经营塾"学校，培养兵法经营的人才，他认为"采用中国的兵法思想指导企业经营管理，比美国的企业管理方式更合理、更有效"。被称为"经营之神"的日本松下电器创始人松下幸之助说"《孙子兵法》是天下第一神灵，我们必须顶礼膜拜，认真背诵，灵活运用，公司才能发达"，并给自己部下规定每人必读《孙子兵法》。在欧美地区，管理学家们引用兵家言论，把兵法原理移植到企业管理理论当中，哈佛商学院等著名高等学府都加强了对兵法的研究，把中国的兵家思想视为商战"利器"。